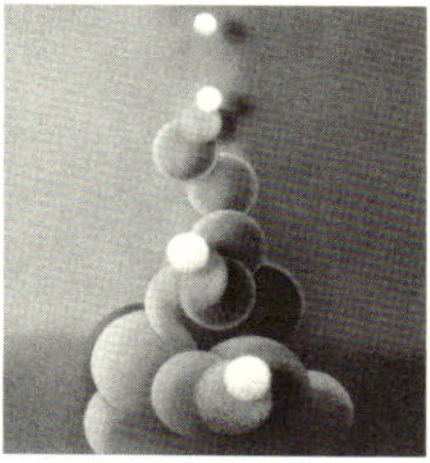

時間は実在するか

入不二基義

談社現代新書

目次

第四章　証明は成功したのか……157

章扉パターン／風間玲子

はじめに

この本がこれから試みるのは、イギリスの哲学者Ｊ・Ｍ・Ｅ・マクタガート（John McTaggart Ellis McTaggart, 1866–1925）1の「時間の非実在性」についての議論をゆっくりとていねいに追いかけることであり、その議論を内側から徹底的に批判することであり、さらにその議論を超えて、私自身の「時間の形而上学」を描くことである。読者にそのプロセスをいっしょに辿《たど》ってもらうことによって、一つの哲学的な思考を追体験してもらえるならば、筆者としてはとても嬉しい。

マクタガートが提示した「時間の非実在性」の証明は、「時間は実在しない」ことを論証しようとするユニークな試みである。その試みは、完璧に成功しているとは言えない。しかし、その証明は、「失敗」を抱え込むことによって、少しも価値は下がらない。むしろ、その「失敗」こそが固有の価値であり、時間についての新たな思索へと通じる開口部に他ならない。

それは、先人の失敗に学んで、私たちは同じ失敗を繰り返さないようにする、という話とはまったく違う。「失敗」を避けるのではなく、自ら「失敗」を反復し味わい凝視して、その意味をよく考えていると、その「失敗」そのものがちがった風に見えてくるというのに近いだろう。マクタガートの証明（の失敗）は、「だまし絵」「判じ物」のようなところがある。私も、自分に何が見えてくるのかを、はっきりさせてみたい。その「何か」が輪郭を見せ始めるときにはもう、マクタガートの議論の枠組みを超えて、私は自分の時間論を語り始めていることだろう。

＊

J・M・E・マクタガートは、一九〇八年に「時間の非実在性」という論文を『マインド』という哲学雑誌に発表している。その論文で提示された「時間の非実在性」の証明は、一九二七年に出版された主著『存在の本性』第二巻三十三章の中にも、書き改められたうえで収められている。これから、その論文で展開された時間論を中心に据えて、主著も随時参照しながら、その議論の可能性を追いかけ、できるかぎり遠くまで進んでみたい。

マクタガートの時間論は、すでに哲学的な時間論の古典である。それはまた、マイルストーン（画期的作品）でもタッチストーン（試金石）でもある。二十世紀以降の、特に英米系の分析哲学の時間論は、マクタガートの議論によって開かれた土俵の上で展開されてきたと言っても過言ではないし、今でもまだその展開は継続中である。現在進行中の哲学的な時間論は、マクタガートの遺産を大いに活用している。

にもかかわらず、特に一般読者向けの書物においては、この古典は言及されることはあっても、十分に紙幅をさいて解説され議論されることは少ない。ましてや、一冊を丸ごと使って、その時間論を徹底的に解説し、内在的に十分に批判し、さらにそこから離脱して、別の視座を示すような日本語の本は、まだない。そこで、本書がそれを試みる。

＊

第一章では、「時間は実在しない」という主張によって、これまでどのようなことが考えられてきたのかを、素描する。

その際、マクタガート論文には出てこない人たち―マクタガートから「遠く離れた」人たち―を、意図的に参照する。それは、ゼノン、アリストテレス、アウグスティヌス、ナーガールジュナ（龍樹）、山田孝雄《よしお》である（一方、マクタガート論文で言及されているのは、スピノザ、カント、ヘーゲル、ショーペンハウエル、ブラッドリィ等である）。「遠く離れた」ところから始めて、マクタガートを大きな文脈の中に位置づける。

第二章では、マクタガートの論文「時間の非実在性」の前半部分を解説する。ポイントは、証明の全体像と、証明のための道具立て―A系列・B系列・C系列・「変化」など―を理解することである。これらの道具が、相互にどのように結びついているのか、また、それがどのような考え方を退けようとしているのかが明確になるように、できるだけ平易にまとめる。

第三章では、マクタガートの論文「時間の非実在性」の後半部分を解説する。一番の焦点は、時間にとって本質的なA系列が、矛盾を含んでいることを証明する部分である。この証明は、想定される反論者へのマクタガートの再反論という仕方で展開される。

第四章では、マクタガートの証明を、その内側から徹底的に検討・批判して、どこがどのように失敗しているのかを、炙《あぶ》り出す。証明の最後の部分から最初の方へと向けて、逆向きに辿りながら、そのほとんどすべての箇所を、批判することになる。

第五章では、マクタガートの議論から離脱して、私自身の見解を、「第四の形而上学的な立場」として提示する。その立場は、「関係としての時間(時間の関係的な側面)」と「無関係としての時間(時間の無関係的な側面)」との区別と、両者のねじれたすれ違いという考え方を、基本に据える。この第四の形而上学的な立場では、第四章で批判したマクタガート説の諸論点が、取り込まれ、昇華され、解消される。

第五章では、多くの新しい論点を提示し、最後に、第四の形而上学的な立場から、「時間は実在するか」という問いに対して、一定の解答を与えるつもりである。そこでは、「実在」についての五つの意味・側面―(1)本物性、(2)独立性、(3)全体性、(4)無矛盾性、(5)現実性―が、再検討されることになるだろう。

＊

マクタガートは、イギリス・ヘーゲル学派（新ヘーゲル主義運動）の最後期の一人である。ケアード（Edward Caird 1835-1908）、ボーザンキット（Bernard Bosanquet 1848-1923）、ブラッドリィ（Francis Herbert Bradley 1846-1924）たちとともに、（イギリスの経験論的な伝統とは異質な）観念論哲学者として知られている。その観念論的な傾向に批判的であったケンブリッジ分析学派のラッセル（Bertrand Russell 1872-1970）、ムーア（George Edward Moore 1873-1958）とも同時代人である。

当然マクタガートの「時間の非実在性」の証明の背景にも、観念論的な形而上学体系がある。しかし、「時間の非実在性」の証明は、その背景からある程度独立させて、読むこと・考えること・批判することが可能である。だからこそ、その後の時間論の展開の中で、これだけ議論され続けているのだと思う。しかも、その証明の方をのぞき窓にして、むしろそこから、背後の形而上学的な立場を透かし見ながら、（ある程度自由に）考えてみる方が、哲学としてのおもしろさは増すと思う。

本書も、基本的には「時間の非実在性」論のみに焦点を絞る。背景は、その論の理解を補助するために、ほんの少しだけ利用する。そして、マクタガートの形而上学的な立場を、「証明」という窓から透かし見るだけではなく、さらに、マクタガートとは異なる形而上学的な立場まで、遠望してみたい。

第一章 「時間の非実在性」はどう考えられてきたか

「実在」の第一の意味

まずは、マクタガートから「遠く離れた」ところから始めてみよう。たとえ「遠く」から始めたとしても、その歩みは、マクタガートが考察したのと同じ問題へと通じることになるだろう。古代ギリシアの哲学者であるゼノンとアリストテレス、古代末期のキリスト教者であり哲学者であるアウグスティヌス、初期大乗仏教の確立者ナーガールジュナ（龍樹）、明治から昭和期の国語学者山田孝雄《よしお》。彼らの議論を参照しながら、その「問題」へと接近してみよう。

「実在」とは、まず第一に、単なる見かけ（仮象）ではなくて、ほんとうに存在しているものという意味である[1]。「ほんとうに（really リアリィ）」という副詞を名詞にすると、「実在（reality リアリティ）」になる。見かけ（仮象）を剝ぎ取った後の「ほんとうの（real リアルな）姿」の中に、「時間」がはたして含まれているのかどうか。それが、「時間は実在するか」という問いの一つの意味である。

この観点からは、「時間は実在しない」とは、時間は見かけ上のもの（仮象）にすぎないということである。この意味での「時間の非実在性」を示そうとする試みを、ゼノンの「飛ぶ矢のパラドックス」（の拡張）の中に、読み取ってみよう。

「飛ぶ矢のパラドックス」の拡張

パルメニデスの弟子ゼノンは、運動についての四つのパラドックス（1.二分割のパラドックス　2.アキレスと亀のパラドックス　3.飛ぶ矢のパラドックス　4.競技場のパラドックス）を提示したことで知られている。そのうちの三番目「飛ぶ矢のパラドックス」は、次のようなものである。

(1)どんなものも、ある瞬間に、ある一つの場所を占める場合、静止している。
(2)矢は、飛んでいるあいだのどの瞬間においても、ある一つの場所を占める。
(3)ゆえに、矢は、飛んでいるあいだのどの瞬間においても、静止している。
(4)飛んでいるあいだの時間は、そのあいだの瞬間から成り立っている。
(5)ゆえに、矢は、飛んでいるあいだじゅう静止している。

短縮して言えば、「飛んでいる矢も、各瞬間にはある一点に位置して止まっている。そして、どの瞬間についても同じことが言えるので、結局、飛んでいるあいだじゅう矢は止まっている」ということになる。この飛ぶ矢のパラドックスによれば、「運動」は見かけの姿にすぎず、「静止」(の総和)こそがほんとうの姿(実在)なのである[2]。

比喩的には、映画を考えてもいいだろう。瞬間を撮影した一コマ一コマの映像をつなげて、それが映写機によってスクリーン上に投影されているとする。スクリーン上に「動き」が生じているように、私たちの目には見える。しかし、ほんとうに存在しているのは静止画像の連なりだけであって、スクリーン上の「動き」は見かけの姿にすぎない。「動き」は、生じているように感じられるだけであって、ほんとうは存在しない(実在しない)。「静止」をいくら加算しても、「動き」に転化することはありえない[3]。

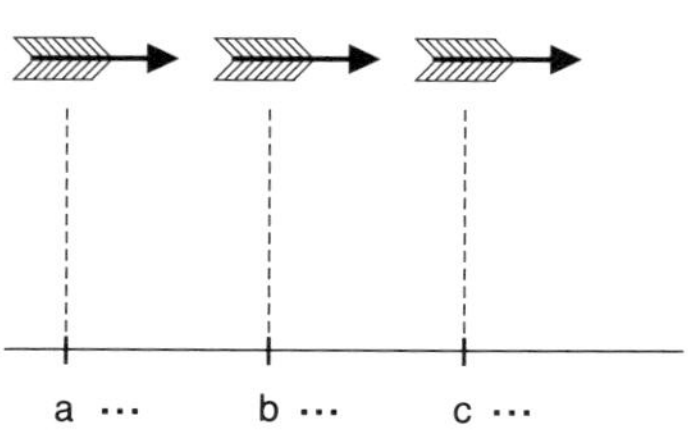

図1

ここで、飛ぶ矢のパラドックスを次のように拡張してみよう。「矢の動き」を、「花の色の変化」に置き換えてみる。白い色の花が、赤い色に変わるというような「変化」である。飛ぶ矢のパラドックス(の拡張)によれば、花の色の「変化」は実在しないことになる。それは、次のような考えによる。

色が白から赤へ変化していくように見える花も、各瞬間には特定の一つの色だけを持っている(それがどのような明度の白であろうと、どのような彩度の赤であろうと)。そして、どの瞬間についても同じことが言える。そこで、花はどの時点でも特定の一つの色だけを持っており、一つの色だけでは色の変化は存在しえない。さらに、変化のない色をすべて集めても、そこに変化などは起こらない。見かけの上で、色の変化が生じているかのように感じられるだけで、変化はほんとうは存在しない（実在しない）。

　もちろん、飛ぶ矢のパラドックス（の拡張）が適用できるのは、色の変化だけではない。形・大きさ・臭い・温度……、どんな変化であっても、同じ論法によって、変化は見かけのものにすぎず、実在しないことになる。

　そして、時間の経過もまた、「変化」の一種ではないだろうか。飛ぶ矢が進んでいくように、時間もまた進んでいく。花の色が、白から赤に変わっていくように、二〇〇二年から二〇〇三年へと変わっていく。そうすると、同じ論法によって、そのような時間の経過という「動き」もまた、見かけのものであって、実在しないことになる。時間が各瞬間から構成されているならば、時間の流れと呼ばれるような「変化」「動き」は、単なる仮象にすぎず、実在しない。「無変化」「静止」こそが、ほんとうの姿（実在）である。このようにして、飛ぶ矢のパラドックス（の拡張）は、「時間の経過という動きは、ほんとうは存在しない（実在しない）」ことを示す。

パラドックスのその先

しかし、このパラドックスが「時間の非実在性」を示すことに十分に成功しているとは、さすがに思えないだろう。このパラドックスについて疑問点をあげることは、それほど難しくはない。実際、以下に見るように、アリストテレスが批判を加えている。それでは、パラドックスは批判され、「時間の非実在性」を示すことには成功しないのだとすれば、「時間の実在性」は確保されたことになるのだろうか。

事態は、それほど単純ではない。飛ぶ矢のパラドックスを解消しようとするアリストテレスの考え方が、こんどは別の新たな問題(「今」についてのディレンマ)をもたらすことになる。そして、そのディレンマは、時間の存在を麻痺させるように見えるのである。「時間の非実在性」の問題は、「飛ぶ矢のパラドックス」の解消によって終わるのではなく、むしろ引き継がれていく。この点を、追いかけてみよう。

アリストテレスによる批判

アリストテレスは、「飛ぶ矢のパラドックス」に含まれる「瞬間」という考え方に注目し、そこからこのパラドックスを批判しようとした[4]。

アリストテレスの批判のポイントは、「時間は瞬間(の集まり)からなるのではない」という点にある。言い換えれば、「瞬間は時間の一定部分・構成要素ではない」。持続的な時間と瞬間との関係は、全体と部分という関係ではないのだ。というのも、厳密な意味での瞬間は、持続（時間的な幅）をまったく持たないからである。持続ゼロ（時間的な幅ゼロ）をいくら集めても、そこから一定の持続（時間的な幅）は得られない（ゼロはいくら足してもゼロにしかならない）。つまり、瞬間をいくら集めても時間は生まれない。

このアリストテレスの「瞬間」の捉え方は、「飛ぶ矢のパラドックス」の(4)の「飛んでいるあいだの時間は、そのあいだの瞬間から成り立っている」という考え方を批判していることになる。アリストテレスは「時間は、瞬間から成り立つのではない」と捉えるのだから、(4)を認めない。したがって、(4)を退けることによって、(5)の「矢は、飛んでいるあいだじゅう静止している」というパラドックスを受け入れずにすむ。

さらに、「瞬間」をアリストテレスのように捉えるならば、そもそも(1)の「どんなものも、ある瞬間に、ある一つの場所を占める場合、静止している」や、(3)の「ゆえに、矢は、「飛んでいるあいだのどの瞬間においても、静止している」も受け入れる必要がなくなる。なぜならば、持続ゼロで、時間の一定部分ではない「瞬間」においては、どんなものも「動く」ことができないだけでなく、「静止する」こともできないからである。動くことが可能なところでのみ、その否定形としての静止もまた意味を持つ。一定の幅を持った時間の持続においてのみ、その間動くことが可能であり、また、その間静止することも可能なのである。しかし、「瞬間」は、短い時間（時間の一部分）ではなく、時間の限界（リミット）である。時間の限界（リミット）においては、「動く」ことも「静止する」ことも、ともに意味を持たない。瞬間という限界（リミット）においては、矢は（動くのでも静止するのでもなく）ただ「ある」としか言えない。その「ある」は、「運動」と「静止」の対比以前の「ある」でなければならない。したがって、アリストテレスの「瞬間」の捉え方によれば、「飛ぶ矢のパラドックス」の(1)や(3)の「瞬間において、静止している」という考え方は、却下される。

こうして、ゼノンが提示した飛ぶ矢のパラドックスは、アリストテレスによって解消されたかのように見える。しかし、事はそう単純ではない。時間の一部分ではない「瞬間」、時間の限界（リミット）としての「瞬間」。その考え方に、再び困難が生じる。

「今」についてのディレンマ

アリストテレスによれば、時間の限界である「瞬間」とは、幅を持たない本来的な意味での「今」のことである。一方、幅のある第二義的な意味での「今」の方は、その中に、過去である部分と未来である部分を含んでしまう。幅があるかぎりはどうしても、その持続の中に、すでに過ぎ去った部分（過去）とこれからやってくる部分（未来）ができてしまう。その過去と未来を分かつ限界こそが、本来的な意味での「今」なのである。図式化すると図2のようになる。したがって、本来的な「今」は、時間の部分ではなく、過去と未来を分割し、両者を区別するだけの「長さも幅もない点」である。

さて、そのような限界としての「今」は、複数あって、それぞれに異なるのだろうか。それとも「今」はただ一つだけあって、それが同一不変であり続けるのだろうか。どちらにしても、困難が生じる。

まず、複数の相異なる「今」たちがあるとしてみよう。複数の相異なる「今」たちは、同時にいっぺんに存在するのでないとすれば、「今」たちは順番に現れては、次々と消え去っていかなければならないだろう。しかし、「今」が消え去るということは、いつどの時点で起こりうるのだろうか。

どの「今」たちも、それ自身が存在している時点で消え去ることは、不可能である。なぜならば、ある「今」が存在しているということは、まさにその当の「今」が消え去ってはいないことに他ならないから。

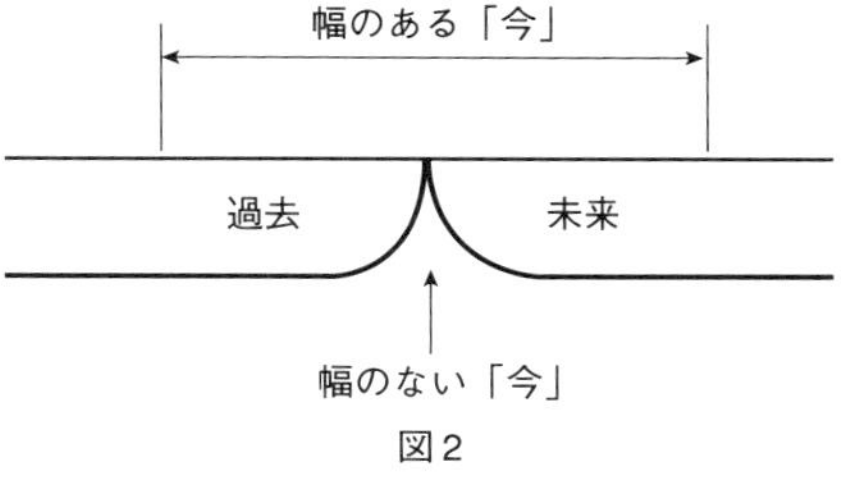

図2

一方、どの「今」たちも、それ自身が存在しているのとは別の次の「今」の時点において消え去ることもまた、不可能である。なぜならば、時間の限界（瞬間）としての「今」たちは、ある「今（瞬間）」とその次の「今（瞬間）」という「隣どうしの関係」を持つことなど不可能だからである。点（限界）と点（限界）は、どんなに接近しているように見えても、そのあいだにはさらに別の点（限界）が存在し、どの点（限界）どうしも、その次の「点」という関係にはなりえない。それと同様に、どの「今」たちも、その次の「今」という隣接関係によっては、結びつけることはできない。ゆえに、「ある『今』は、その次の『今』において消え去る」というように、二つの「今」を関係させることなど不可能である。

こうして、複数の相異なる「今」たちがあるとした場合には、「今」たちが次々と消え去っていくと考えることはできなくなる。かといって、複数の相異なる「今」たちが、同時にいっぺんに存在すると考えることもまた、不可能であろう。「同時にいっぺんに存在する」と考えるならば、その同時性・一挙性において、ただ一つの「今」を考えていることに等しいだろう。

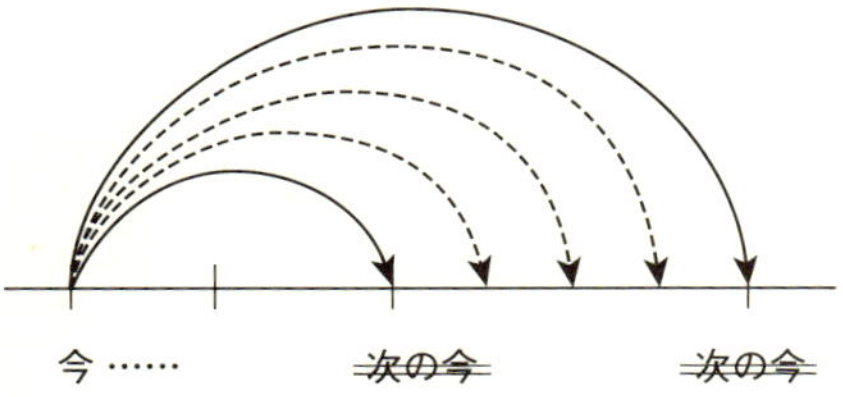

図3

そこで、もう一つの選択肢、つまり「ただ一つだけ『今』があって、それが同一不変であり続ける」を考えてみよう。しかし、そのように考えることもまた、次の理由から、不可能である。

持続する時間からは、過去と未来の限界としての「今」は、いくらでも切り出すことができる。連続した線からは、無限に点（限界）を取り出してくることができるのと同じように。つまり、限界としての「今」は、複数ありうるのでなければならない。「ただ一つだけ」ではないはずだ。また、もし同一不変の「今」が、ただ一つだけあるとすると、そのただ一つの「今」の中では、すべての出来事が同時にいっぺんに存在することになるのではないか。そうすると、出来事どうしの時間的な順序関係（より前―より後）が、消え去ってしまう。これでは、時間自体が消し去られてしまうことに等しい。

以上により、「今」という瞬間（点）は、複数あるとしても、ただ一つしかないとしても、どちらの場合も困った事態に追い込まれる。二つしか選択肢がないはずなのに、そのどちらを選んでも、受け入れがたい結果になってしまう。これが、「今」についてのディレンマ（dilemma）である。

基本とも言うべき「今」という時間について、このようなディレンマに陥るということは、時間の存在が、その根本の部分で挫折することを、示しているのではないか？　しかも、「飛ぶ矢のパラドックス」から時間を救うために提示された「瞬間としての今」という考え方においてこそ、このようなディレンマが生じているのである。やはり、「時間は実在しない」ことになってしまうのだろうか？

ディレンマは解消できるか？

アリストテレスが提示したような「今」についてのディレンマは、時間についての二つの捉え方を混同することから生じている見せかけの問題にすぎない、と反論できるかもしれない。二つの捉え方をきちんと区別すれば、ディレンマは解消されるというわけである。

一九五八年十一月十一日に私は生まれ、一九七七年三月三十一日に高校を卒業し、一九八六年三月五日に長男が誕生し、二〇〇二年三月十八日に『時間は実在するか』という本のある箇所を執筆し、二〇一二年三月十八日に海外に出張する。この捉え方は、時間の順序によって出来事を並べた年表的なものである。

もう一つは、次のような捉え方である。一九五八年十一月十一日はもう四十四年以上前の過去のことになってしまったし、長男の誕生も十六年以上前の過去のことになり、今は『時間は実在するか』という本のこの箇所を執筆中であり、十年後にやってくるはずの未来には外国にいるだろう。長男の誕生は、かつてはまさに目の前の（現在の）出来事だったのに、だんだんと過去の方へと遠のいていく。十年先の未来の出来事も、いずれは現在となるだろうし、その後は過去へと退いていくだろう。この捉え方は、「現在」を原点として広がっている時間的な視野のようなものである。「現在」の移動とともに、その時間的なパースペクティヴは変わっていく。

前者の捉え方では、出来事が時間の順序で並んでいる。その順序はいつまでも変わることはない。出来事たちは、年月日などで表されたポジションに、存在し続けるのであり、そのポジションから消えてなくなってしまうことはない。また、いったん起こってしまった出来事の順序関係は、誰にとっても同じ客観的なものである。鎌倉幕府の成立→室町幕府の成立→江戸幕府の成立という順序は、人によって時代によって変わってしまうようなものではない。

一方、後者の捉え方では、「現在」がどの時点に位置するかによって、どの時点が過去であり、どの時点が未来であるかは変わる。高校卒業という出来事が現在であれば、長男誕生という出来事は未来であり、本の執筆という出来事が現在であれば、長男誕生という出来事は過去である。「現在」という原点は、年表的な時間系列上を一方向に進んでいく（ように見える）。それにしたがって、時間的なパースペクティヴも変わる。すなわち、新たな出来事が、未来の方から訪れ、過去の方へと遠のいていく。

時間的なパースペクティヴの原点としての「現在」はただ一つであり、その「現在」が通過していくポジションの方は、複数ある。アリストテレスが問うた「今」は複数なのか単数なのかという問いは、この区別をしていない。だからこそ、奇妙な事態に陥ったのだ。

「今」が通過する各時点は複数あり、動いていく「今」はただ一つなのである。「現在」という視点に依存する時間の捉え方と、そのような視点には依存しない客観的な時間の捉え方の二つがある。その二つの捉え方を、きちんと区別して、そのうえで両者を関係づければ、アリストテレスのように「今」についてのディレンマには陥らない。そう考える人がいるかもしれない。

第二章以降で扱うマクタガートの時間論においては、「現在」という視点に依存する時間は、A系列の時間と呼ばれ、視点に依存しない客観的な時間は、B系列の時間と呼ばれる。まさにマクタガートは、この二つの捉え方を峻別し、両者を関係させる。マクタガートは、混同するどころか、この区別にきわめて敏感である。そして、その峻別と関係に基づいて、「時間は実在しない」という証明を行うのである。

ということは、アリストテレスの「今」についてのディレンマを解消してくれるはずの考え方（時間の二つの捉え方を区別する）が、こんどは「時間の非実在性」という問題を引き継ぐのである。

これまでのところでは、次のようになっている。

1.飛ぶ矢のパラドックスによれば、時間の経過という「動き」は、仮象であって実在しない。瞬間の中で静止した世界こそが、ほんとうの（実在の）世界である。

2.瞬間としての「今」という考え方は、そのパラドックスを解消するように見えるが、こんどはその「今」について、複数でも単数でもありえないというディレンマが発生する。

3.「今」についてのディレンマを解消してくれるはずの、時間についての二つの捉え方の区別（客観的な時間系列上の複数の時点と、その上を動くただ一つの「今」という区別）は、マクタガートにおいては、「時間は実在しない」ことを証明するための強力な道具として働く。

こうして、「時間は実在するか」という問題は、飛ぶ矢のパラドックスや「今」についてのディレンマを、たとえ解消できた後でも（あるいは解消することによってこそ）、まだ生き残っている。マクタガートは、二千年近く昔から続く問題を、新たな形で引き受けたことになる。

さらに、次に見るように、「時間の非実在性」という問題は、西洋だけで問われたのではない。たとえ時代が離れていようと、また異なる文化圏で生きていようと、時間への問いは、それが根本的な水準へと及んでいくときには、同じ謎へ直面せざるをえない。

「時が過ぎゆく」ことの否定――『中論』第二章の場合

「飛ぶ矢のパラドックス」(の拡張)は、時間の経過という「動き」が仮象であることを主張しようとしていた。同様の主張は、インドの仏教者ナーガールジュナ(龍樹)の主著『中論』第二章の運動(去ることと来ること)の考察にも、読み取ることができる。マクタガートが「時間の非実在性」について論じたのは一九〇八年。それより千七百年ほど前に(一五〇~二五〇年頃)、ナーガールジュナは、「時の動き」「過ぎゆく時」について、次のように述べている。そこでは、時が「過ぎゆく」という考え方が否定されている。

一　まず、すでに去ったもの(已去《いこ》)は、去らない。また未だ去らないもの(未去)も去らない。さらに〈すでに去ったもの〉と〈未だ去らないもの〉とを離れた〈現在去りつつあるもの〉(去時)も去らない[5]。

まず、過去(すでに過ぎ去ってしまった時)と未来(まだ過ぎ去っていない時)について、「過ぎゆく」という「動き」は生じない。もし「過ぎゆく」という「動き」が、過去や未来の時に生じてしまうと、それは、終わってしまった時(つまり過去)でも、始まっていない時(つまり未来)でもなくなってしまう。「(すでに・まだ)ない」時が、どうして動けるだろうか。「ない」時は、動きようがない。

過去や未来には、時間特有の「動き」は(すでに・まだ)ないとしても、しかし、現在が移動していくことこそが、時の「流れ」を表しているのではないのだろうか。現在こそが「過ぎゆく」という「動き」の真っ最中にあるのではないだろうか。そう思われるかもしれない。ナーガールジュナは、「〈現在去りつつあるもの〉(去時)も去らない」と言っているが、それは間違いなのではないか。「現在こそが、まさに去る」のではないのだろうか。

ところが、ナーガールジュナは、現在という時が「去る」ことも否定する。なぜだろうか? 「現在という時も去らない」理由を、私は次のように考えてみたい。

まず第一に、「現在という時が去らない」のは、それ(現在)が、過去や未来から切り離されて考えられた「現在」だからである。「離れた」ということに注目してみよう。

〈すでに去ったもの〉と〈未だ去らないもの〉とを離れた〈現在去りつつあるもの〉

（去時）も去らない。（傍点は引用者）

とナーガールジュナは言っている。一般に私たちが「現在は去る」と考えるときには、「現在の時もまた過去になってしまうし、そのときには未来だった時がこんどは現在になる」と考える。その場合には、「現在（が去ること）」と過去や未来とは、切り離しがたく結びついてしまっている。「現在」が去っていく先の「過去」、その「現在」へと到来する「未来」が隣接していると考えるからこそ、「現在は去る」ように見える。

しかし、その結びつきを断ったらどうなるだろうか。「現在」が去りゆく先としての「過去」も、新たに「現在」へと到来する「未来」も、実は「（すでに・まだ）ない」時である。「（すでに・まだ）ない」ものが、「現在」とどうやって隣り合わせに並ぶことなどできようか。せいぜい私たちの想いの中で、両者（「現在」の時と、すでにない「過去」・まだない「未来」の時）が結びつけられるだけであって、その想いの外では、「離れている」という言葉も届かないほどに、両者は絶縁しているのではないだろうか[6]。この世にいる私と、もうこの世にいない私の父親、あるいはまだこの世にいない私の孫とは、（「想いの中での結びつき」を別にすれば）決定的に離れているのと同じように。

このように、「現在」が、「過去」や「未来」から決定的に離れているならば、「現在」

からは、「去る」という動きはなくなってしまうはずである。「現在」は、寸止めを繰り返すかのように「去りつつ」はあったとしても、結局のところ「（過去へと）去ってしまう」ことは起こらない。去りゆく先としての「過去」がもうないのだから、去りようがない。「去り終える」ことを伴わない永遠の「去りつつある」状態など、走り続けているのに少しも前に進まず同じ場所に留まったままであるという、あの夢の中の状態あるいはマンガ的な状態に等しい。その状態が実は「走る」ことではないように、「現在」もまた「去る」ことはない。いわば、「現在」は「去りつつある」という状態のまま保存されて、永遠に固定されてしまうようなものである。あるいは、次のように言ってもいい。私たちは、「過去」や「未来」という時の中に文字どおり存在することなど不可能であり、私たちが存在するのはつねに「現在」という時であるしかない。つねに「現在」でしかないならば、いつまでも「現在」のままであり、結局「現在」はどこにも去らない。

もう一つ、「現在という時が去らない」理由をナーガールジュナはあげている。「去りつつあるものが去る」と仮定すると、「去る」ことが二重化するという困難に陥ってしまう。これが、第二の理由である。ナーガールジュナは、次のように言う。

三　〈現在去りつつあるもの〉のうちに、どうして〈去るはたらき〉がありえようか。

〈現在去りつつあるもの〉のうちに二つの〈去るはたらき〉はありえないのに。

五　〈去りつつあるもの〉に〈去るはたらき〉が有るならば、二種の去るはたらきが付随してくる。［すなわち］〈去りつつあるもの〉をあらしめる去るはたらきと、また〈去りつつあるもの〉における去るはたらきとである。

「現在が去る」と仮定するならば、「去りつつある現在が去る」ことになり、「現在」は、「去りつつある」という動きと「（その動きが）去る」という動き、その二つの「去」の動きを持つことになってしまう。だから、「現在が去る」という仮定は誤っているのだ。ナーガールジュナは、そう考えているらしい。それにしても、なぜ、「去りつつあるものが去る」という「去る」の二重化は、困難な事態なのだろうか。

「去りつつある現在」を二つの部分に分離して、「現在」という「（去る）主体・もの」が一方にあり、「去る」という動きがもう一方にあって、前者が後者の作用・働きを所有する、と考えてはいけない。なぜならば、「去りつつある」という働きから分離できる「現在」というものが別個にあるわけではないし、また、「現在」という主体・ものと分離できる「去りつつある」という動きが、別個にあるわけでもないからである[7]。

「去りつつあるものが去る」という二重化は、作用の主体とその作用とが分離できるかのような錯覚に基づいている。「去りつつあるもの」について、「(去る) 主体」と「(去るという) 働き」とが分離できるかのように錯覚するからこそ、その次に、「去りつつあるもの」という主体に、さらに「去る」という働きを追加できるかのように錯覚するのである。「去る」の二重化という困難の根は、主体とその作用・働きを、それぞれ独立の実体であるかのように見なしてしまう誤りにある。ナーガールジュナは、そう考えているようだ。

また、こう考えることもできる。「去りつつある現在が去る」と仮定するならば、「去りつつある現在」は「去る」ことによって、消え去ってしまうのだから、「去りつつある」という状態もまた、消えてなくなってしまうだろう。つまり、「去りつつある現在」が「去る」とすると、「去りつつある」ことも一緒に消え去ってしまう。「去りつつある」ためには、「去りつつあること」自体は、「去って」しまってはならない。ゆえに、「去りつつある現在」自体が、「去る」ことはない。

以上から、過去にも未来にも、そして現在という時にも、「去る」という「(時間特有の) 動き」は否定されたことになる。次の章句が、まとめになっている。

一二　すでに去ったところに去ることはなされない。未だ去らないところにも、去ることはなされない。いま現に去りつつあるところにも、去ることはなされない。どこにおいて、去ることがなされるのであろうか。

ゼノンの飛ぶ矢のパラドックス（の拡張）とは、違う仕方によってであるが、ナーガールジュナもまた、「時間が過ぎ去るという動き」を否定している。マクタガートもまた、「動く今」を特徴とするA系列の時間の中に、根本的な欠陥――矛盾――を見いだすことになるだろう。ゼノンもナーガールジュナもマクタガートも、同じ問題に直面している。

「実在」の第二の意味と第三の意味

「実在」とは、第二に、心の働きに依存せず、心の働きから独立に存在するものという意味を持つ。そこで、時間の存在は心の働きに依存するものであり、心の働きから独立にそれ自体であるものではないと主張するならば、その主張は、この第二の意味において、「時間は実在しない」と言っていることになる。

この意味での「時間の非実在性」の主張を、アリストテレスとアウグスティヌスの著作の中から、取り出してみよう。両者とも、ある意味において、時間は心（魂）に依存するものであり、時間は心（魂）の働きから独立には存在しない、と考えている。この点（つまり時間の心-依存性という点）では、アリストテレスもアウグスティヌスも、「時間の非実在性」を唱えていることになる。

ただし、アリストテレスとアウグスティヌスの違いにも注意しておこう。両者の違いは、心（魂）の働きから独立の、それ自体であるもの（第二の意味での「実在」）を、どのように考えるかという点にある。

以下で見るように、アリストテレスは、心（魂）の働きによって分節化されなくとも、基体としての運動（動き・変化）は存在すると考える。一方、アウグスティヌスは、神の「永遠」こそが、ほんとうの姿（実在）であると考える。いわば、アリストテレスは、心（魂）の働きから独立してそれ自体である「実在」を、運動（動き・変化）という流動的なものと考え、アウグスティヌスは、時間という仮象の向こう側の「実在」を、神の永遠という無時間的なものと考えている。

この点に関して言えば、マクタガートは、アリストテレスではなく、アウグスティヌスの系譜に属する。なぜならば、マクタガートは、「実在」を流動的なものとしてではなく、無時間的で永遠的なものと考えているからである。

アウグスティヌスの実在観から、さらに「実在」の第三の意味も取り出すことができる。すなわち、「実在」とは、第三に、無時間的に一挙に成立している完全なる全体である、という意味である。神の永遠こそが、人間的な時間を超えたほんとうの姿だ、という考え方の中に、「実在」の第三の意味が表れている。

ここまでに出てきた、「実在」概念が持つ三つの意味をまとめておくと、次のようになる。

(1)本物性：みかけ（仮象）ではない「ほんとうの姿」であるもの
(2)独立性：心の働きに依存しない、それから独立した「それ自体であるもの」
(3)全体性：「ありとあらゆるものごとを含む全体」、あるいは「その全体が一挙に成り立っていること」

心（魂）へ依存する時間――アリストテレスの場合

「時間とは、前と後に関しての運動の数である」とアリストテレスは考えた。つまり、時間とは、運動（動き・変化）そのものではない。あくまで、運動（動き・変化）の「数」なのである。数とは、連続的な運動（動き・変化）に与えられる分節・区切りである。それは、「今」によって与えられる。すなわち、前の「今」と後の「今」とが区別されることによって、運動（動き・変化）に同じものの反復が導入され、数えることが初めて可能になる。

そのような意味で、時間とは「前と後に関しての運動の数」である[8]。時間は、運動（動き・変化）そのものではなくて、それの「数」だからこそ、「数」を数える者としての「心（＝霊魂）」と時間との関係がクローズアップされる。アリストテレスは、次のように述べている。

もし霊魂が存在しないとしたら、果たして時間は存在するのだろうか、しないのだろうか、これが疑問とされよう。なぜなら、数える者の存在することが不可能である場合には、数えられうるなにものかの存在することも不可能であるからして、したがって明らかに、数もまた存在することは不可能であろうから。（……）ところで、もし霊魂または霊魂の［部分なる］理性をのぞいては、他のなにものも、本性上数えることのできるものでないとすれば、霊魂が存在しないかぎり、時間の存在は不可能であろう、そしてただ時間の基体たるもの［運動］のみが［時間なしに］存在可能であろう、（……）。

（出隆・岩崎允胤訳『アリストテレス全集3』自然学、岩波書店、一八六頁）

「霊魂が存在しないかぎり、時間の存在は不可能であろう」と、アリストテレスは言っている。すなわち、時間の存在は、心による数える働きに依存している。その働きが存在しないところでは、時間は存在しない、ということである。

また、「ただ時間の基体たるもの［運動］のみが［時間なしに］存在可能であろう」とも言っている。分節化されていない基体としての運動（動き・変化）は、心による数える働きから独立に存在するとしても、「数」という仕方で分節化された時間は、心による数える働きなしには存在しない。これは、第二の意味において「時間は実在しない」と言っているることになる。同時に、第二の意味での「実在」を、運動（動き・変化）という流動的なものと考えていることも分かる。

第三の意味の「実在」と「永遠の現在」

時間（の経過）は、世界の側（いやむしろ神の側）では、ほんとうは存在しないが、私たちの心（魂）においてだけ、主観的に存在する。そのような「時間の非実在性」の主張を、アウグスティヌスの『告白』第十一巻に読み取ることができる[9]。そこでは、「実在」の第一の意味と第二の意味は接合している。

また、アウグスティヌス的な「時間の非実在性」の主張は、「実在（神）」は「永遠」である――過ぎ去ることなく、全体が同時に存在する――ことも主張している。神の「永遠」こそがほんとうの姿だということの考え方の中には、「実在」の第三の意味が表れている。すなわち、「実在」とは、永遠なる「全体」である。この「全体性」あるいは「同時性・一挙性」が、「実在」の第三の意味である。

時間（の経過）は、過ぎ去って消えていくものであり、けっして留まることがない。それは、全体が同時に一挙に存在するという神（実在）のあり方の対極である。しかも、時間（の経過）というあり方自体が、永遠なる神によって創造された被造物にすぎない。このような第三の意味―完全なる「全体」としての「実在」という意味―においても、やはり「時間は実在しない」。つまり、時間（の経過）は、その全体が一挙に存在することはありえない。全体が一挙に存在してしまうことは、到来し過ぎ去っていくことの反対である。アウグスティヌスの『告白』には、そのような「時間の非実在性」の主張が含まれている。

しかし、神の永遠と人間の時間とに、まったく接点がないわけではない。その接点は、「現在」という時間にこそある。「永遠の現在・永遠の今（nunc aeternum）」と呼ばれる、キリスト教的な考え方に、その接点を見いだすことができる。

まずは、アウグスティヌスが、「現在」をどう論じているかを見てみよう。アウグスティヌスも、アリストテレスと同様に、「現在」は持続（時間的な幅）を持たないと考えた。その考えは、次のような論法で導き出される。

「現在」の幅が一年であることはできない。たとえば（現在が五月ならば）、その一年は、すでに過去になった四ヵ月（一月〜四月）とまだ未来である七ヵ月（六月〜十二月）からなっており、一年は過去と現在と未来からなっている。しかし、「現在」の幅が一ヵ月であることもできない。たとえば（現在が五月五日ならば）、その一ヵ月は、すでに過去になった四日間とまだ未来である二十六日間からなっており、一ヵ月は過去と現在と未来からなっている。この同じ論法によって、一日も一時間も一分も一秒も、どんな時間的な幅であっても、過去と現在と未来からなる。こうして、「現在」は、瞬間の方へと切りつめられていき、結局、持続（時間的な幅）をまったく持たないことになる[10]。これは、アリストテレスが述べていた時間の限界（リミット）としての「今」、本来的な意味での「今」と同様の考え方である。

もしもどんな部分にも、もっとも微小な瞬間の部分にさえも分たれることのできないような時間が考えられるなら、そのような時間こそ現在とよばれることができるのであろうが、しかし、それは大急ぎで未来から過去に飛び移るのであるから、束の間も伸びていることができない。もし少しでも伸びているなら、それは過去と未来とに分たれるであろう。

（服部英次郎訳『告白』岩波文庫、一一七頁）

ここに、時間のパラドックスが、再び現れる。時間は、過去と現在と未来からなる。「現在」は、持続（時間的な幅）をまったく持たないので、そこでは時間は経過しえない。それでは「過去」はどうか？「過去」は、もう過ぎ去って存在しない。それでは「未来」は？「未来」は、まだ到来せず存在しない。存在しないものに、どうして時間が経過できるだろうか。すでに終わってしまったもの（過去）も、まだ始まらないもの（未来）も、時間の経過の渦中にはありえない（経過の渦中にあれば、それは「過去」でも「未来」でもなくなってしまうだろう）。時間は、過去と現在と未来からなるはずなのに、そのどこにも時間（の経過）は存在しない。これは、ナーガールジュナが述べていた「三つの時は去らない」という説と類縁の考え方である。

時間が経過することない「現在」、持続（時間的な幅）をいっさい持たない「現在」は、もはや時間的なあり方とは言えない。むしろ、そのような「現在」は、神の永遠を指し示している。あるいは、「現在」という不思議なあり方が、神と被造物である私たちとをつなぐ蝶番《ちょうつがい》のように働いていると言ってもいい。「現在」が指し示す「永遠」とは、時間の長い持続（永続）のことでもなく、抽象的な単なる無時間のことでもない。それは、神の永遠へとつながるような、非時間的なあり方（瞬間における永遠）のことである。すなわち、未来や過去と対比されない「現在」、過去-現在-未来という水平的な関係の中にあるのではなく、神との垂直的な関係の中にある「現在」。それは、「永遠の現在」と呼ばれるのがふさわしい。

心(魂)へ依存する時間——アウグスティヌスの場合

「永遠」こそが、実在の姿だとしても、しかしそれでも、私たちは時間(の経過)が存在すると思っているし、存在しないはずの未来や過去が、ある意味では存在する。それは、私たちの心(魂)においてのみ、時間(の経過)や未来や過去が存在するからである。

過去はもう存在しないが、思い出すという現在の心の働き(想起)において、過去は存在する。未来はまだ存在しないが、期待するという現在の心の働き(予期)において、未来は存在する。(過去を)想起するのは現在においてであるし、(未来を)予期するのも現在においてである。ポイントは、過去も未来も、現在(の心の働き)においてこそ存在するという点である。過去も未来も、現在にこそ存在する。

(……)未来も過去も存在せず、また三つの時間すなわち、過去、現在、未来が存在するということもまた正しくない。それよりはむしろ、三つの時間、すなわち過去のものの現在、現在のものの現在、未来のものの現在が存在するというほうがおそらく正しいであろう。じっさい、これらのものは心のうちにいわば三つのものとして存在し、心以外にわたしはそれらのものを認めないのである。すなわち過去のものの現在は記憶であり、現在のものの現在は直覚であり、未来のものの現在は期待である。

(服部英次郎訳『告白』岩波文庫、一二三頁)

「過去のものの現在」「現在のものの現在」「未来のものの現在」という表現が分かりにくいかもしれない。それぞれ、「過去についての現在(過去へと向かう現在の心の働き)」「現在についての現在(現在に直面する現在の心の働き)」「未来についての現在(未来へと向かう現在の心の働き)」と考えればいいだろう。これらの三種類の心の働きの中にしか、過去・現在・未来という時間は存在しない。そのような意味では、すべては「現在」の中にある。過去も未来も、想起や予期という仕方での現在の経験として「現在」の中にこそある。すべては「現在」である。

しかしまた、「現在」は、過去や未来と区別される一様態でもある。「現在」は、知覚という心の働きと結びつくことによって、想起や予期と結びつく過去や未来とは区別される。目の前にある本を見ていること(知覚)は、「現在についての現在」に属するし、子どものころに初めて読んだ絵本のことを思い出すこと（想起）は、「過去についての現在」に属するし、将来書こうと思っている本について思い描くこと（予期）は、「未来についての現在」に属する。

「現在」は、過去（想起）や未来（予期）と対比される一様態（知覚）であると同時に、それらすべての心の働きの場でもある。「現在」は、そのような二重性を持っている。すべての時間がそこで成立する場としての「現在」は、過去や未来と対立するのではなく、それらを内に含んでいる。その「現在」という心（魂）の場の中で、過去（想起）と現在（知覚）と未来（予期）が区別される。図4を参照。

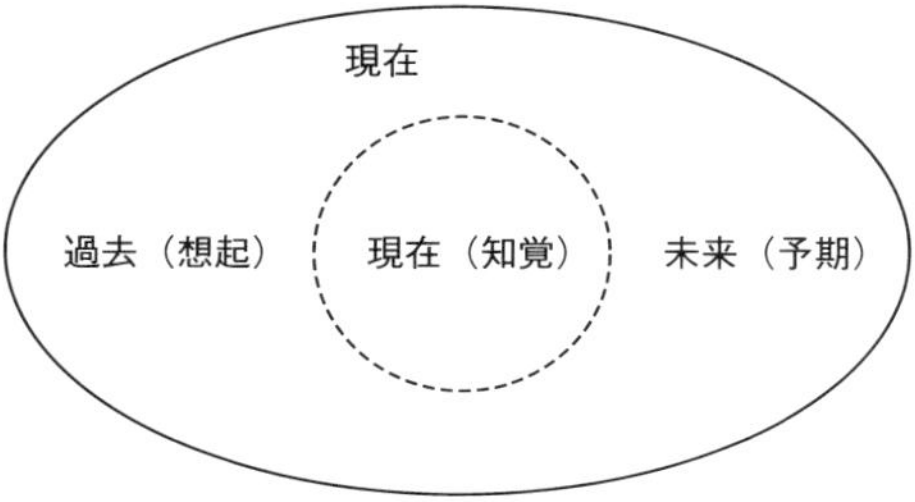

図4

私たちの心（魂）においてのみ、時間が存在するということは、「実在」の第二の意味―独立性―において、時間は実在しないということである。その非実在的な時間とは、過去-現在-未来という時間に他ならない。

そして、アウグスティヌスにおいても、「現在」が特別な役割を担っている。「現在」だけは、二度登場する。一度は、過去・未来と対比される一項として、もう一度は、その対比自体を成立させる全体的な場として。アリストテレスにおいても、「現在」は特別な扱いを受けていた。それは、時間の一部分ではなく限界（リミット）である本来的な「今」として、である。

過去・現在・未来の三区分――『中論』第十九章の場合

もう一度、ナーガールジュナの『中論』の議論を参照しよう。第十九章の時の考察である。そこでは、過去・現在・未来の三区分が、通常考えているようには安定したものではなく、溶解してしまうことが、論じられる。アウグスティヌスにおいて、過去・現在・未来の三区分が、通常のものからは逸脱している（現在が二度登場する）ことと、ナーガールジュナの三区分が変則的で自己否定的であることを比較対照してみると、おもしろい。

一　もしも現在と未来が過去に依存しているのであれば、現在と未来は過去の時のうちに存するであろう。

二　もしもまた現在と未来がそこ（過去）のうちに存しないならば、現在と未来とはどうしてそれ（過去）に依存して存するであろうか。

三　さらに過去に依存しなければ、両者（現在と未来）の成立することはありえない。
　それ故に現在の時と未来の時は存在しない。
四　これによって順次に、残りの二つの時期（現在と未来）、さらに上・中・下など、
　多数性などを解すべきである。

この章句をヒントに、次のように考えてみたい。現在と未来を一つのグループにして、過去と対比する。過去という時は、その後の現在と未来という時をすでに胚胎しているのだろうか。それとも過去という時は、その後の現在や未来という時をまだまったく宿してはいないのだろうか。ある意味では前者のようでもあるし、また別の意味では後者のようでもある。

過去をふり返ってみるとき、その過去は、（それをふり返っている）現在と、どうしようもなく繋がってしまっている。たとえば、あのときのあの出来事が、次の出来事を引き起こし、さらに、その出来事がさらに次の出来事を引き起こし……。そしてその結果、現在の「ふり返る」という出来事が生じている、という具合に。この場合、過去の原因の中に、

すでに現在の結果は種子として宿っているようにも見える。しかし他方、まさにその過去の時点においては、その先がどうなるかなど決まっていないし、その先などまだ生じてもいないのだから、その後の現在・未来は、過去においては端的にまだない。「ない」ものと繋がることなど、どうしてできるだろうか。できるはずがない。この場合、過去という時が、その後の（まだ「ない」）現在や未来という時をあらかじめ宿すことなど不可能なようにも見える。

どちらにしても、つまり、過去が現在・未来をすでに胚胎していようが（図5参照）、過去が現在・未来と決定的に切り離されて孤立していようが（図6参照）、どちらにしても過去・現在・未来という通常の三区分は成り立たなくなってしまう。その理由は、以下の通りである。

過去が現在・未来を自らの内にすでに含んでいるのだとすると（図5）、過去・現在・未来の全体が「過去化」してしまって、すべてが実は過去に潜在することになってしまう。三区分（過去・

図5

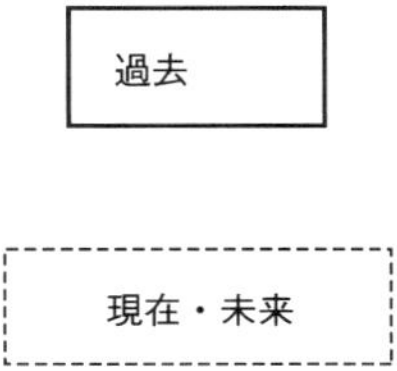

図6

現在・未来）がすべて、「過去」一色の中に飲み込まれてしまう。他方、過去がその後の現在・未来とつながりなく孤立しているのだとすると（図6）、その過去はもはや過去という名で呼ぶのはふさわしくないだろう。現在・未来へと接続していないものなど、もはや「過去」とは呼べない。いわば、三区分の一要素が三区分全体を飲み込んでしまう（図5）か、三区分の一要素がその区分から完全に離脱してしまって一要素でさえなくなってしまう（図6）のである。

こうして、いずれにしても「過去」が三区分の一つとしては成立しえないのだから、それと対比されて成立するはずの現在・未来もまた、成立しえないことになる。逆もまた然り。現在・未来が成立しえないのならば、過去もまた成立しえない。

おそらく同様に、過去と未来を一つのグループにして、現在と対比しても、過去と現在を一つのグループにして、未来と対比しても、同じ結論へと導かれるだろう。つまり、「現在」にしても「未来」にしても、それは、三区分の中の一要素（二項）として安定的に成立することができず、三区分自体が溶解する。ゆえに、過去・現在・未来という三区分の時は成立しえない。そういう結論に至るだろう。

さらに、ナーガールジュナは、こう言っている。

五　未だ住しない時間は認識されえない。すでに住して、しかも認識される時間は存在しない。そうして未だ認識されない時間が、どうして知られるのであろうか。

次のように考えてみよう。過去は、認識したときには、もう存在しなくなっているし、未来は、まだ存在しないので、認識することさえできない。過去も未来もともに「ない」時である。そして、そのように「ない」時と区別されなくてはならない現在など、三つの部分の中の一つという仕方としては、もはや成り立たないのではないか。「ない」時とのあいだの境界線など、どうやって引くことができるだろうか。やはり、過去・現在・未来の三区分は、安定した仕方では成立しえないと思われる[11]。

ナーガールジュナの『中論』においては、「時が過ぎゆく」ことが否定されるだけではなく、過去・現在・未来の三区分の仮象性あるいは虚妄性も、このように徹底的に暴かれている。

ナーガールジュナとマクタガートの接点

『中論』の時間論の要点を、二つ見たことになる。どちらも、一見「常識」に反する主張である。

①時間の「去る」という動きを否定すること（『中論』第二章）
②過去・現在・未来という時間の三区分を否定すること（『中論』第十九章）

マクタガートも、一見「常識」に反する主張をする。「時間は実在しない」ことを、マクタガートは証明しようとする。その証明は、過去・現在・未来という三区分によって構成される時間系列（動く「今」を特徴とする時間系列）が重大な矛盾を含んでいることを、示そうとする（詳しくは第二章と第三章を参照）。

明らかに、ナーガールジュナの時間論とマクタガートの時間論には、「接点」がある。ともに、過去・現在・未来という区分を持った時間、過ぎ去っていくという動きを含んだ時間に対して、その仮象性を暴こうとする。つまり、①と②こそが「接点」に他ならない。ナーガールジュナは、過去・現在・未来という時間の実体性を否定することによって、マクタガートは、過去・現在・未来という時間の実在性を否定することによって、時間の謎へと迫っている。

もちろん、ナーガールジュナからの影響がマクタガートに及んでいるなどと言いたいのではない。ただ、時間の謎という場において、ナーガールジュナとマクタガートは出会っているだけである。そこでは、アウグスティヌスもまた二人と出会うだろう。

時制と時間

過去・現在・未来という時間の区分は、私たちの使っていることばと深く強く結びついている。ことばからまったく切り離して、過去・現在・未来という時を捉えることなど不可能だろう。ことばの装置—時制（テンス）やアスペクトなど—をいっさい使わずに、過去や現在や未来を思考することなどできはしない。ことばは、ただ単に時を運ぶ入れ物なのではなく、時の形を作り上げる鋳型《いがた》である。

マクタガートから「遠く離れた」人物をもう一人取り上げてみよう。明治〜昭和期の国語学者・山田孝雄《よしお》である。その文法論は、欧米の心理学や哲学からの影響をも取り込んで、独自の体系を築いている。山田が大著『日本文法論』を著したのは、一九〇八年（明治四十一年）。マクタガートが、『マインド』誌上に「時間の非実在性」を掲載したのが、同じ一九〇八年である。偶然にも同じ年に、「時間」について類縁性のある考えを、両者が発表していたことになる[12]。

『日本文法論』の中から、時間の根本問題に関係する部分—山田が「吾人の根本概念」と呼ぶ箇所—から、いくつか引用してみよう[13]。

四　（……）吾人は過去は過ぎ去りたる者にして最早《もはや》現実界のものにあらずとす。未来は未《いま》だ現実となる者にあらず。吾人は唯《ただ》現在についてのみ正確に思想を立て認識しうるものと思へるなり。過去と未来とは共に非現実のものと断ずるは理あるなり。

七　（……）こは（引用者注：過去・現在・未来三者の区別は）実在界に存在する区別にあらずして、いづこまでも吾人の主観と時間経過との関係によりて生じたるものなることを忘るべからず、吾人が観察の立脚地よりして三別は生じたるなり。この故に其の観察点によりて同一の時も或は過去たるあり、未来たるあり。又その観察点の区域の広狭により現在と称するものにも広狭の差あるなり。（……）

八　（……）この故に吾人の現在と称するものは決して実在界に存在する区別にあらず、過去、未来、亦然《しか》り。今若《も》し吾人の主観を離れて之《これ》を見れば、何処《どこ》にか現在、過去、未来の区別あらむ。時は不断の流れのみ、永劫《えいごう》の遷転《せんてん》のみ。（……）

九　この故に過去及未来と称するものは現在と称する前提条件の存在に依存するな

り。現在の意義確定してはじめて過去未来の意識発生し来るなり。しかも之を過去なりと認め、未来なりと信ずるに至りては既に現在にあらず。この故にこゝに特種の思想法を生ずるなり。過去を過去なりと思想内に浮かぶるは実に復現、表象による。吾人は今之を回想作用といふ。未来を未来として思想に浮かぶるもの、之を推測、予期、想像といふ。共に現実にあらざるは明なり。

これらの箇所には、具体的な言語表現の研究を背後から支えている、ある基本的な枠組みが表れている。ここに、アリストテレスやアウグスティヌスらと同様の考えを読み取ることは、それほど難しくないだろう。次の三点に注目してみよう。

(1)過去・現在・未来という時は、実在する世界の側に属するものではなく、主観(視点)によって設定される区別(時制)である。つまり、過去・現在・未来という時は、主観(視点)に依存するものであって実在の姿そのものではない。

(2)主観(視点)から離れた時間の実在的な姿とは、留まることも切れ目もない流動体のようなもの(不断の流れ、永劫の遷転)である。

(3)「現在」とは原点の確定のようなものである。その原点が定まって初めて、その現在における思考作用の内でのみ、過去と未来が表象として成立する。つまり、現在という時の決定的な優位と、その現在内の表象としての過去・未来という考え方が主張されている。

(1)には、時に関する「主観主義」が表れている。主観主義は、過去・現在・未来という時は、主観に依存して初めて成立するものであって、主観から独立の実在世界にあてはまるものではないと考える。主観＝心（魂）と考えるならば、「実在」についての第二の意味―独立性―において、「時制によって区別されるような時間は、実在しない」と山田は主張していることになる。

(2)には、時制という主観的な装置を取り払った後の「実在」を、どのように考えるかが、表れている。山田は、過去・現在・未来という主観的な分割が入る前の実在的な時の姿を、「不断の流れ」「永劫の遷転」と表現している。山田にとって、実在的な時間とは、やはり「流れている」のである。主観が関与しない実在の時間からは、過去・現在・未来という区別はなくなるが、それでも時間特有の「流れ」「動き」は残ると山田は考えている。この点に関して言えば、山田は、アウグスティヌスではなく、アリストテレスの系譜に属する。なぜならば、山田は、「実在」を無時間的で永遠的なものとしてではなく、流動的なものと考えているからである。

(3)の「現在」の優位性については、山田は、アリストテレスよりは、アウグスティヌスの系譜に属する。なぜならば、図4に表れているように、アウグスティヌスは、「現在」の中でこそ、過去（想起）と現在（知覚）と未来（予期）を位置づけていたからである。「現在」の特権的なあり方（過去と未来を自らの内で成立させる）において、山田とアウグスティヌスは同型である。ただし、山田は、「現在」が二重化する（二度登場する）ことには、アウグスティヌスほど注意を払っていなかったようである。もちろん、アリストテレスにおいても、「現在」は特別な扱いを受けていたが、それは、時間の一部ではなく限界（リミット）である本来的な「今」として、であった。

「現在」の特別性は、アリストテレスにも、アウグスティヌスにも、山田にも見られる。マクタガートの証明を検討する際にも、「現在」の特別性という問題は、再び焦点となるだろう。

まとめ

マクタガートから「遠く離れた」人たち―ゼノン、アリストテレス、アウグスティヌス、ナーガールジュナ、山田孝雄―が、「時間の非実在性」をどのように考えていたかを、瞥見《べつけん》した。彼らにもまた、マクタガートと同種の問題意識を見いだせる。しかも、五人の共通点と相違点は、これから論じるマクタガートの時間論の位置づけについて、見通しを与えてくれる。この点を、表としてまとめておこう。次頁の表は、実在をどう考えるか、時間（の非実在性）をどう考えるかという観点から、単純化して整理したものである。

実在については、ゼノン・アウグスティヌス・マクタガートのように、永遠・不動の実在を考える系譜と、アリストテレス・山田孝雄のように、変化・流動する実在を考える系譜がある（ナーガールジュナについては「空《くう》」概念が問題になるので、ふれないでおく）。しかも、その二つの系譜と、「実在」の複数の意味・側面（①〜③）とがさらに交差する。

時間については、時間の「流れ」を否定する（ゼノン・ナーガールジュナ）、時間の三区分を変形したり否定したりする（アウグスティヌス・ナーガールジュナ・マクタガート）、心への依存性を主張する（アリストテレス・アウグスティヌス・山田孝雄・マクタガート）、「今・現在」が特別な役割を担う（アリストテレス・アウグスティヌス・山田孝雄・マクタガート）などの諸点が、「時間の非実在性」という考え方を支えている。

マクタガートは、このような伝統的な問題圏に属しながらも、「時間の非実在性」の問題に新たな論点を加えていく。一つ目は、A系列とB系列という仕方で、時間の二つの捉え方の区別を明晰にすることであり、二つ目は、そのA系列（時間の流れ）に「矛盾」を見いだすことである。さらに、「現在」の特別性についても、「動く今」や「(現実化している)

	実在	時間
ゼノン 【飛ぶ矢のパラドックス】	実在①（本物性） 不動の〈一〉 絶対静止	運動・変化は仮象
アリストテレス 【今のディレンマ】	実在②（独立性） 運動・変化	時間は心に依存 「今」の重要性
アウグスティヌス	実在①〜③（全体性） 神の永遠	時間は心に依存 三区分からの逸脱 「現在」の特別性
ナーガールジュナ	実在①（本物性） 空《くう》？	過ぎゆく時間の否定 三区分の否定
山田孝雄	実在②（独立性） 不断の流れ	時制は心に依存 「現在」の特別性
マクタガート 【時間の二つの捉え方：A系列とB系列】	実在①〜③ 実在④（無矛盾性） 実在⑤（現実性） C系列的な永遠	A系列の矛盾 時間は幻影のようなもの（心に依存） 「現在」の特別性

現実性」や「見かけの現在」という問題を加えて論じることになる。その結果、「実在」概念にも、無矛盾性や現実性といった第四・第五の意味・側面が加わっていく。こうして、「時間の非実在性」を証明するという前代未聞の試みが、始まる。

第二章

「時間の非実在性」の証明 1

——証明の前半

証明のアウトライン

マクタガートは、一九〇八年に「時間の非実在性(The Unreality of Time)」というタイトルの論文を書いた。その議論を詳しく解説する前に、議論の森の中で迷子にならないように、まず全体のおおざっぱな地図を描いておこう。

ゴールは、「時間は実在しない(realではない)」「時間は非実在的である(unrealである)」という結論を出すことである。そのゴールに至る論証を、もっともラフな形で示すならば、次の四つのステップにまとめることができる。

ステップ1　時間の捉え方には、A系列とB系列の二種類ある。
ステップ2　B系列だけでは、時間を捉えるのに不十分である。
ステップ3　A系列が、時間にとって本質的である。
ステップ4　A系列は、矛盾している。
ゴール　　　時間は実在しない。

A系列とは何か、B系列とは何かは、後で説明することにして、ここでは「時間については二つの異なる捉え方がある」という程度の理解で止めておこう。「矛盾している」という点に関しても、どのように矛盾しているかは、これから検討すべき課題なので、A系列は、「相いれないはずの二つのことが、同時に成り立たなくてはならないという不合理な事態になる」というように理解しておこう。まずは、ステップ1～ステップ4の、細かい内容ではなくて、論の進め方の「形式」だけに着目する。

重要なのは、ステップ1～ステップ4は、次のような仕方で、結論（ゴール）につながっているという理解である。私たちの時間把握にとって欠くことのできない「A系列」、時間という概念の核心とも言うべき「A系列」という捉え方、まさにそのA系列が、矛盾を孕《はら》んでいて不整合なのである。したがって、そのA系列を核心とするような「時間」は、実在する（real である）ことができない。つまり、「時間」は、非実在的である（unreal である）。

述べられていない前提——矛盾と実在

最後の部分が、納得いかないかもしれない。ステップ4とゴールとのあいだのつながりが、分かりにくいかもしれない。「A系列は矛盾を含むので、時間は実在しない」とマクタガートは言う。しかし、「相いれないはずの二つのことが、同時に成り立たなくてはならないという不合理な事態」は、十分に実在しうる（realでありうる）のではないか？　だから、たとえステップ1〜ステップ4の議論をすべて受け入れて、時間は本質的にA系列を含み、しかもそのA系列が矛盾を含むということも認めたとしてもなお、「時間は実在する」という余地が残るのではないか？　時間とは、矛盾した実在であって何が悪いのか？

もちろん、ここには表立って述べられていない「前提」があるだろう。それは、「矛盾しているものは、実在しえない」あるいは「実在は、矛盾していない」という前提である。この隠された前提について、説明を補足しておこう。

たとえば、黒くてかつ白いボールは、実在するだろうか？　その隠された前提に基づくならば、「黒くてかつ白い」は矛盾しているので、そんなボールは実在しえない。でも、右半球は黒くて、左半球が白いボールは、十分実在しうるではないかという反論があるかもしれない。しかし、それは、ある箇所が黒く、別の箇所が白いボールなのであって、「黒くてかつ白い」という矛盾したボールではない。ボール全体が一挙に「黒くてかつ白い」ときに初めて、それは矛盾していると言える（あるいは、ボールの右半球それ自体が、「黒くてかつ白い」でも矛盾になる）。そのような矛盾した「黒くてかつ白いボール」は、単なることばとして、そういう表現が存在するだけであって、やはり実在することはできない。実在するボールである限り、その全体が黒色であれば、それは白色ではないし、その全体が白色であれば、それは黒色ではない。実在するものについて、相いれない二つのことが、同時に成り立つということはありえない。

「矛盾した実在」がありうるかのように思ったとしても、それは実は、厳密には「矛盾」してはいないか、あるいは「実在する」とは言えないかのどちらかである。たとえば、一秒ごとに全体が黒くなったり白くなったりするボールがあるとしよう。このボールは、「黒くてかつ白い」矛盾した実在だろうか。そうではない。そのようなボールは、実在するとしても、矛盾してはいない。相いれない二つのことが、順番に交代で起こるだけであって、同時に成り立っているわけではないからである。これは矛盾ではない。また、「球でありかつ立方体である物体」という例はどうだろうか。「球である」ことと「立方体であること」は、「相いれない二つのこと」である。したがって「球でありかつ立方体である」は、矛盾している。そして、そのような矛盾している物体というものは、この三次元の世界に実在することができない。それだけでなく、そもそも想像することさえできないだろう（何を想像していいのか分からない）。こうして、「球でありかつ立方体である物体」は、矛盾しているがゆえに、実在しえない。

　以上のような矛盾と実在に関わる「前提」を受け入れるならば、ステップ1〜ステップ4を経て、「時間は矛盾を含んでいるので実在しない」という結論に、マクタガートとともに至ることになる。

「矛盾しているものは実在しえない」「実在は矛盾を含まない」という隠された前提は、第一章であげた三つの意味に加えて、「実在（reality）」という概念に含まれる第四の意味だと言ってもよい。

(1)本物性：実在は、単なる見かけではなく、ほんとうに存在するもの
(2)独立性：実在は、心の働きに依存せず、独立にそれ自体で存在するもの
(3)全体性：実在は、一つの全体として存在するもの
(4)無矛盾性：実在は、矛盾を含まない

ステップ1　A系列とB系列

「時間の中のポジション（positions in time）」を区別するのに、二つの異なる仕方がある。その二つが、A系列とB系列と呼ばれる。また、時間の中のポジションを占める内容物が、「出来事（event）」と呼ばれ、その内容物を取り除いて、時間の中のポジションをそれ自体で考えるときに、そのポジションは「時点（moment）」と呼ばれる。

たとえば、次のような三つの出来事を考えてみよう。

a.太郎が生まれる（一九八〇年）。
b.太郎が結婚する（二〇〇二年）。
c.太郎が死ぬ（二〇八〇年）。

もちろん、どの出来事も、時間の中で一定のポジションを占めている。そして、aはbより前であり、bはcより前である。逆に、cはbより後であり、bはaより後である。ポジション間に成り立つ「より前」や「より後」によって構成される系列（たとえばa→b→cと表記できる）が、B系列である。つまり、B系列とは、時間的な前後関係・順序関係によって成立する系列である。

「より前」「より後」という関係には、一般的に言って、次のような特徴がある。以下の議論のためにとくに重要なのは(4)であるが、それぞれ解説を加えておこう。

(1)二項関係である。
(2)推移的な関係である。
(3)反対称的な関係である。

(4)固定的な関係である。

(1)あたりまえだが、「より前」「より後」という関係は、一つの出来事や一つの時点だけでは成り立たない。二つの出来事や時点があって初めて、そのあいだで成立する関係である。「より前」「より後」という関係は、二項関係である。

(2)aがbより前であり、bがcより前であるならば、当然aはcより前である。このように、aとbのあいだにある関係が成り立ち、bとcのあいだにその関係が成り立っているときに、aとcのあいだにもその同じ関係が成り立つならば、その関係は「推移的」である。たとえば「……は……より背が高い」という関係は、推移的である。x、y、zの三人がいるとして、xはyより背が高く、yはzより背が高いならば、xはzより背が高い。それに対して、「……は……の父親である」という関係は、推移的ではない。xはyの父親であり、yはzの父親であっても、xはzの父親ではない。「より前」「より後」という関係は、推移的な関係である[1]。

(3)「……は……のいとこである」は、対称的な関係である。「xはyのいとこである」が成り立っていれば、xとyを入れ換えて、「yはxのいとこである」もまた成り立つ。それに対して、「……は……の父親である」は、反対称的な関係である。「xはyの父親である」が成り立っている場合に、xとyを入れ換えてしまうと（「yはxの父親である」）、それは必ず成り立たなくなる。「より前」「より後」という関係もまた、反対称的な関係である。aがbより前であるならば、決してbはaより前ではない。

(4)三つの出来事あるいは時点a・b・cのあいだに、aはbより前であり、bはcより前であるという順序関係（a→b→c）が成り立っているとするならば、その順序関係は、たとえどんなに時間が経過しようとそのままの順序であり、a→b→cという時間的な順序関係が、百年たったらb→c→aに変わってしまったなどということはありえない。すなわち、「より前」「より後」という順序関係は、時間の中で変化することがない固定された不変の関係である。

つけ加えておこう。「（……と……は）同時である」もまた、B系列を構成する関係である。おおざっぱに言えば、「aとbは同時である」というのは、aはb「より前」でもなく、aはb「より後」でもないことであり、「より前」「より後」という順序関係と「否定」とによって導かれる。ただし、「同時である」という関係は、先ほど述べた四つの特徴のうち、(3)の特徴においては「より前」「より後」とは異なっている。つまり、反対称的なのではなくて対称的である。aとbは同時であれば、aとbを入れ換えて、「bとaは同時である」も当然成り立つ。

このように、出来事や時点が「より前」「より後」「同時」という関係によって整列している系列が、B系列である。それに対して、B系列とはまったく性格を異にする時間把握がある。それがA系列という時間把握である。
もう一度、先ほどの三つの出来事を考えてみよう。

a.太郎が生まれる（一九八〇年）。
b.太郎が結婚する（二〇〇二年）。
c.太郎が死ぬ（二〇八〇年）。

さて、「現在」が西暦二〇〇二年であるとしよう。そうすると、aは過去のことであり、bは現在のことであり、cは未来のことである。しかし、「現在」が西暦一九七九年であるとすれば、aもbもcも未来のことであるし、「現在」が西暦二〇〇〇年であるとすれば、aは過去のことであり、bとcは未来のことであるし、「現在」が西暦二〇二〇年であるとすれば、aとbは過去のことであり、cは未来のことであるし、「現在」が西暦二〇九〇年であるとすれば、aもbもcも過去のことである。そして実際、「現在」というあり方は、どこかの時点に固定された不動のものではなく、次のように移動していく（ように見える)。一九七九年が「現在」である→一九八〇年が「現在」である→二〇〇〇年が「現在」である→二〇〇二年が「現在」である→二〇二〇年が「現在」である→二〇八〇年が「現在」である→二〇九〇年が「現在」である……。したがって、出来事aもbもcも、過去・現在・未来のどれかに、ずっと固定されたままではない。どんな出来事でも、まだこれから訪れる遠い未来のことであるという状態から、近い未来のことであるという状態を経て、まさに今現在のことであるという状態へと到来し、やがてどんどん遠い過去へと移り変わっていく。こうして、出来事や時点は、……—「より遠い過去」—「過去」—「現在」—「未来」—「より遠い未来」—……という仕方で、A系列を構成する。

A系列は、B系列という時間把握とは、かなり異なっている。まず、ある出来事や時点を一つ取り出すだけでも、A系列は成り立つように思える。たとえば、「a.太郎が生まれる」という出来事だけを考えても、その出来事が、まだ未来である状態から、まさに現在である状態となり、さらに過去の状態へと遠ざかっていくことを考えることができる。このように、A系列を作る述語(「過去である」「現在である」「未来である」)—A特性と呼ぼう—は、たった一つの出来事や時点についてでも成り立つ「一項関係」である(ように見える)。それに対して、B系列を作る述語(「より前である」「より後である」)—B特性と呼ぼう—の方は、二つ以上の出来事や時点に関してでないと成り立たない「二項関係」であった。

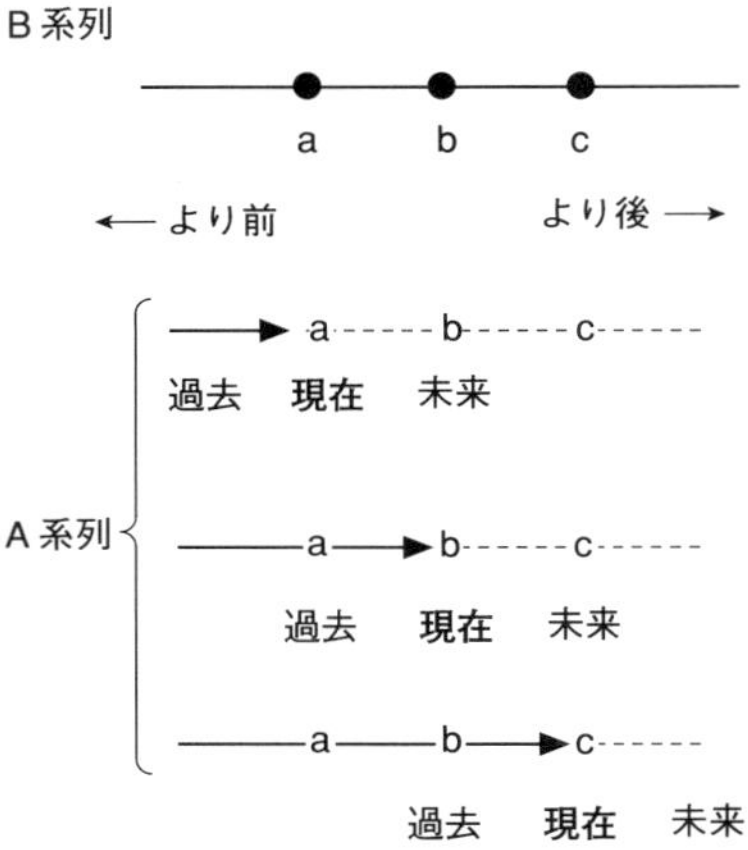

図7

最大の違いは、「過去‐現在‐未来」は、「より前／より後」とは違って、固定的な関係ではないという点だろう。aという出来事が、bという出来事「より前」の出来事であるということは、時間の経過に影響を受けることなく「真」であり続ける。つまり、永続的で不変である。一方、aという出来事がまさに現在起こっていても、それは永続的ではありえない。すなわち、aという出来事が、いつまでも現在のままであるということは不可能である。aは、いずれ過去の出来事となる。言い換えれば、aという出来事がまさに現在起こっているという特徴づけは、あるときには「真」であっても、その後「偽」に変わってしまう。いわば、「過去である」「現在である」「未来である」という時間規定は、出来事や時点の順序関係が構成している系列（B系列）の上を、すべって動いていくように思える（図7はそのように見て欲しい）。

まとめておこう。どの出来事・時点も、それぞれ「過去である」「現在である」「未来である」という特徴づけを持つ。この「過去-現在-未来」という特性によって捉えるとき、出来事・時点の系列はA系列を構成する。一方、どの出来事・時点も、その中の二者のあいだには、「より前」「同時」「より後」のいずれかの関係が成り立っている。この「より前」「同時」「より後」という関係によって捉えられた出来事・時点の系列は、B系列である。私たちが「時間」というものを考えるとき、少なくとも異なる二つの捉え方―A系列とB系列―があることが、ここまでで分かった。

「過去である」「現在である」「未来である」という特徴づけ以外にも、A系列を構成する表現はある。たとえば、「一昨日である」「昨日である」「今日である」「明日である」「明後日である」などもまた、A特性（A-characteristics）である。それに対して、年号・日付表現の「一九五八年である」「二〇〇二年一月である」「二〇九〇年三月七日午後一時である」などは、「より前である」「より後である」と同じくB特性（B-characteristics）であって、時間の固定的な順序関係を表現する。たとえば、「太郎が生まれる」という出来事が一九八〇年であることは、時間が経っても変わらないが、「太郎が生まれる」という出来事が今日のことであることの方は、時間が経てば、昨日のことであるへと変わってしまう。

ステップ2　B系列と時間

それでは、B系列だけを使って、時間について十分な仕方で考えることができるだろうか。つまり、「過去―現在―未来」という捉え方はいっさい使わないで、出来事・時点の「より前」「同時」「より後」という関係だけを使って、時間を十全《じゅうぜん》に捉えることが可能だろうか。

マクタガートの答えは、「否《いな》」である。B系列だけでは、時間の核心を捉えることはできない。その理由は、「変化」という点にある。

(1)「変化」が、時間にとって本質的なものである。
(2)B系列だけでは、「変化」を説明できない。
したがって、
(3)B系列だけでは、時間を十全に捉えることはできない。

(1)については、ほとんど異論はないだろう。こう考えてみればいい。もしもまったく「変化」というものがなかったとしたら、そこでは時間が経過しないだろう。それは時間が止まってしまった凍りついた世界である。「変化」が完全消滅すれば、時間も消えてしまう。だから、時間にとって、「変化」は本質的なものなのだ。

いやいや、「変化」なんて起こらなくても、それでも時間は経過するのではないだろうか？　変化のない静止した世界にだって、時間だけは流れるのではないか？　そのような反論があるかもしれない。次のような例で考えてみよう。

昭和四十年から四十一年に放映されたSFアニメで、「スーパージェッター」というアニメがあった[2]。その中で、三十秒間だけ時間を止められる装置として、「タイムストッパー」という腕時計型のアイテムが登場した。西暦三〇〇〇年の未来からやってきたスーパージェッターが、「時間よ止まれ」と言ってタイムストッパーを作動させると、時間が止まって、周りの人たちの動きなどはすべて凍りつき、そのあいだにスーパージェッターは危険を回避したり、悪者をやっつけたりする。この設定で分かるように、人々も世界も動きは止まり、変化は起こらないようにストップさせられる。しかし、それでも時間は経過しているではないか。三十秒間だけ時間が止まるというけれども、実は三十秒間だけ世界の変化(動き)が止まるだけなのであって、その静止状態のあいだも「三十秒」という時間が経過している。変化が止められてしまった静止世界であっても、実は時間だけは止まっていないということではないだろうか。だとすれば、変化はなくとも時間は経過するのであり、時間にとって変化は本質的ではないことになる。

しかし、「スーパージェッター」の設定では、「変化」が完全にすべてなくなっているわけではない。時間を止めた（変化を止めた）スーパージェッター本人にとっては時間は止まっていないし、その彼自身にはいろいろな変化が起こっている。三十秒間という時間が、スーパージェッター本人にとっては経過し、その間、彼は行動するのだから。時間が経過することと、何かが変化することとは、やはり切り離せないだろう。

その証拠に、スーパージェッター本人にとっても時間が止まってしまう事態を想像してみるとよい。彼自身に関わるすべての「変化」も、周りの人たちの場合と同様に止まってしまうと考えてみよう。あらゆる「変化」が凍結されてしまうのだから、もちろん彼の脳細胞を構成している原子のレベルの動きもすべて止まってしまうことになる。ありとあらゆるものの動きが停止する。そんな完全静止の無変化世界で、時間は経過すると言えるだろうか？

もちろん、その凍りついた世界を見ている「第二のスーパージェッター」がいれば、その第二のスーパージェッターには、時間が経過しているのかもしれない。しかしその場合には、第二のスーパージェッターには、脳細胞の動きなどを含めていろいろな「変化」が、生じていることになる。やはり、「変化」と時間の経過とは連動している。そして、第二のスーパージェッターの「変化」をも含めて、それさえもいっさい生じていないのだとすれば、時間が経過しているとは言えなくなるだろう。やはり、「変化」が完全消滅してしまえば、時間も消えてしまう。だからこそ、「変化」は、時間にとって本質的なものなのだ。

(2)「B系列だけでは、『変化』を説明できない」

に話を移そう。それではなぜ、B系列だけでは、「変化」を説明できないとマクタガートは考えるのだろうか。

B系列は、出来事・時点どうしの「より前」「より後」という順序関係によって構成されていた。このB系列の関係は、固定されていて変わらない永続的な関係であったことを、もう一度思い出しておこう。

室町幕府の成立という出来事（一三三三年）は、鎌倉幕府の成立という出来事（一一九二年）より後であり、江戸幕府の成立という出来事（一六〇三年）より前である。ここでは、三つの出来事・時点によって、B系列―鎌倉幕府の成立→室町幕府の成立→江戸幕府の成立―が成り立っている。この順序関係は、変化するだろうか。いったんこの順序関係が正しいものとして認められるならば、たとえ十年経とうが百年経とうが、「鎌倉幕府の成立→室町幕府の成立→江戸幕府の成立」という順序関係はそのままなのであって、変わることはありえない。出来事E_1が出来事E_2より前であるならば、ずっと「より前」のままであり、出来事E_3が出来事E_2より後であるならば、ずっと「より後」のままである。つまり、B系列は固定的で永続的な関係によって構成されている。B系列は、あたかも数直線上に数が「より大きい」「より小さい」という順序関係で並んでいるかのように、出来事・時点が時間の順序で整列している。その順序関係の系列は、そのままであり続けるしかないのであって、そこに「変化」が入り込む余地はない。

B系列の関係は、このように固定的で永続的なのだから、「変化」を説明することができない。したがって、B系列だけでは、「変化」を核心とする時間を捉えることができない。マクタガートはそう考えた。

B系列は「変化」をほんとうに説明できないのか

出来事を「より前」「より後」の順序で並べたB系列によっては、「変化」を説明することは、ほんとうにできないのだろうか。その可能性（不可能性）をもう少し考えてみよう。

「鎌倉幕府の成立（E_1）→室町幕府の成立（E_2）→江戸幕府の成立（E_3）」というB系列を考えるだけでも、そこには十分に変化が生じているのではないか、と思う人がいても不思議ではない。E_1が起こり、次にE_2が起こり、その次にE_3が起こるということ自体が、すでに十分に変化なのではないか。

しかし、自然数1の次が2であり、その次が3であるということ（1→2→3）の場合は、そこに「変化」が起こっているとは言えない。そのような順序・秩序が、ただ存在しているだけでは、変化にはならない。それと同様に、出来事が順序関係によって並んでいるだけでは、ただそのように整列しているだけであって、そこに変化が生じていることにはならないのではないか。

だが、自然数の系列と出来事の系列とは違う。出来事は、「起こる」「生じる」が、数はそうではない。E_1が起こり、次にE_2が起こり、その次にE_3が起こるということは、ただ単に1の次は2であり、その次は3であることとは違って、やはり変化を含んでいると言っていいのではないか。

それでは、E_1が起こり、次にE_2が起こり、その次にE_3が起こるということは、いったいどのような「変化」なのだろう。どのように考えたら、そこに含まれる「変化」をうまく説明できるだろうか。

①ある出来事が存在することをやめて、別の出来事が存在し始めると考えることで、その変化を説明できないか。

②ある出来事が、別の出来事へと溶け込み変容していくと考えることで、その変化を説明できないか。

「E_1が起こる」ということは、E_1という出来事が存在し始めることであり、「次にE_2が起こる」ということは、それより前のE_1という出来事が存在することをやめて、新たにE_2という出来事が存在し始めることであり……と考えてみる。いわば、出来事の生起と消滅という「変化」が、出来事（の系列）には含まれている。このように考えることができるならば、B系列のみによっても「変化」を捉えることはできるのではないか。

この考え方を、マクタガートは、不可能であると却下する。なぜ不可能なのか。それは、B系列上では、出来事が存在し始めたり、存在しなくなったりすることはありえないからである。出来事は、B系列の中につねに位置づけられたままなのであって、消え去ってしまうことなどない。たとえば、鎌倉幕府の成立という出来事は、一一九二年というB系列上のポジションにつねに位置づけられたままなのであって、その出来事が系列上から消し去られてなくなってしまうことなどありえない。一三三三年になって室町幕府が成立しても、鎌倉幕府成立という出来事は、依然一一九二年というポジションに位置し続けている。出来事の生起と消滅という「変化」など、B系列には含まれていないのである。B

系列上では、出来事は、それぞれのポジションに固定されたまま存在し続け、不変である。

そう言われてもなお、室町幕府の成立時には、鎌倉幕府の成立という出来事はもうすでに存在しなくなって、消え去っているように思えてならないという人がいるだろう。新たな出来事が誕生し、以前の出来事は消えてなくなるという「変化」が、やっぱり起こっているのではないか……。

そう思えてしまう人は、B系列だけで考えるという制約を外れて、すでにA系列を使って考えてしまっているのである。E_1という出来事がまだ未来である状態から、まさに現在である状態になることによって、E_1という出来事が生起し、次にE_1という出来事が過去である状態へと過ぎていくことによって消え去り、こんどはE_2という別の出来事が現在に生起する……と考えるならば、出来事の生起と消滅という変化が起こっているかのように思える。しかし、それでは、過去-現在-未来というA系列を使って「変化」を考えているのであって、A系列を使わずにB系列だけで、「変化」を考えるという設定(制約)からは、逸脱してしまっている。

やはり、B系列だけで考えるならば、一一九二年に鎌倉幕府の成立という出来事があり、一三三三年に室町幕府の成立という出来事があり、一六〇三年に江戸幕府の成立という出来事がある……という時間的な順序関係が成り立っているだけで、どの出来事も、未来や現在や過去であるわけではない。そこ（A系列なしのB系列）には生成消滅のような変化は含まれていない。どの出来事も、その順序関係による系列の中で、（たとえば年号で表されるような）一定のポジションを占めて、つねに変わらずに「ある」だけである。

同様に、②「ある出来事が、別の出来事へと溶け込み変容していくと考えることで、その変化を説明できないか」に対しても、マクタガートの答えは「否」である。「E_1という出来事が存在しなくなり、E_2という出来事が存在し始める」と考えるのではなく、「E_1という出来事が、次第にE_2という出来事になる」と考えようとしても、同じような困難に陥る。その点を、以下のように考えてみよう。

（変化して）XがYに「なる」ということが成り立つためには、何らかの同一性（アイデンティティ）が保持されつつ、しかも何かが変わらなければならない。なぜならば、同一性が成り立っていなければ、両者（XとY）は単に別々のものであるだけであって、そもそも「（一方が他方に）なる」という関係で結びつくことさえないし、一方何も変わらないならば、「（XがYに）なる」という変化など、そもそも存在しないことになってしまうからである。同一であり続ける要素（たとえばα）があって、αにおけるXというあり方が、αにおけるYというあり方に交代するという場合に初めて、「（XがYに）なる」という変化が成り立つ。

鎌倉幕府の成立という出来事（E_1）と室町幕府の成立という出来事（E_2）とのあいだに、このような「なる」という関係が成り立つだろうか。一つは、E_1がE_2に「なる」というときに、αに相当する「同一のもの」とは何かという問題があるだろう。鎌倉幕府の成立と室町幕府の成立とを貫いて不変のαとは何なのか？　もう一つは、そのような同一性を保証するαがあったとしても、そのαのE_1というあり方が、同じαのE_2というあり方に交代するという場合の、「E_1というあり方→E_2というあり方」という変化に関わる困難がある。この場合、E_1というあり方が、E_2というあり方に、（αという同一性は保持しつつ）置き換わってしまうと考えるのだから、どこかの時点でE_1というあり方は存在しなくなり、E_2というあり方が存在し始めるということになる。

しかし、B系列において考えている限り、これは不可能であった。先にも述べたように、B系列上に位置するE_1やE_2が、存在し始めたり、存在しなくなったりすることはできないからである。それが可能であるかのように思うとすれば、E_1やE_2が、現在へと到来したり、過去へと消え去ったりすると考えているのであり、実はA系列の考え方をすでに使っているということになる。こういうわけで、B系列の考え方のみを使って、「E_1という出来事が、次第にE_2という出来事になる」と考えることは、不可能なのである。

B系列の考え方のみで「変化」を説明しようとしても、その考え方は「固定性」「不変性」を特徴としているために、「変化」を捉えることができない。うまく捉えたと思ったときには、すでにA系列の考え方を導入してしまっていることになる。こうして、B系列だけでは、「変化」を説明できないのだから、B系列だけでは、時間を十全に捉えることはできない。A系列を使うことによって、時間にとって本質的な「変化」を考えるしかない。

ステップ3　A系列と時間

B系列についての考察から分かったように、出来事自体は、生起したり消滅したりすることもなければ、別の出来事へと変容してしまうこともなく、同一のまま不変であるという側面を持っている。だから、出来事についてなお「変化」を言おうとすれば、ある出来事が同一のまま不変でありつつ、しかもそこに何らかの変化(生成消滅など)があるのでなければならない。この出来事の不変性と、しかもそこに変化を考えるという両側面を両立させることができるのが、A特性(未来である/現在である/過去である)なのである。

「源義経の死」という出来事には、様々な特徴づけ(特性)が結びつけられる。一一八九年のことであること、自害であること、何らかの原因や結果を持っていることなど……。

そして、これらの特性は、「源義経の死」という出来事と結びついたままであって、いつまでも変化することはない。出来事は、その出来事であり続けるしかなく、固定されたものので不変である。ただし、不変でしかありえない出来事にも、たった一つだけ変化する特性がある。それが、A特性（未来である／現在である／過去である）なのである。

同一不変の「源義経の死」という出来事であっても、それはまだこれから訪れる「未来である」状態から、まさに今生じている「現在である」状態を経て、もうすでに終わった「過去である」状態へと「変化」する。遠い未来から近い未来へ、そして現在へ、さらに近い過去から遠い過去へと……「変化」していく。同一不変の出来事についても、このようにA特性のみが変化する。出来事やB系列という不変のものに対して、A特性のみが変化を付与する。

B系列の不変性とA系列が付与する変化という対照は、図7においては、B系列を表す直線が静止しているのに対して、A系列「過去-現在-未来」の方は、左の方から右の方へ動いていくことによって表象されていた。つまり、A系列とB系列の対照とは、時間についての「動的な見方」と「静的な見方」が接触する場面に他ならない。

A系列という捉え方の最重要点は、このように独特の「動き」を含んでいるという点にある。だからこそ、A系列は、時間の本質である「変化」を捉えることができる。そう考えられている。

A系列に含まれるこの独特の「動き」は、二通りの仕方で表象できる。一つは、出来事が未来から現在へとやってきて、過去へと過ぎ去っていくという表象(出来事の去来)であり、もう一つは、「今」「現在」が、過去の方から未来の方へと向かって移動していくという表象(動く今)である。前者では、出来事の方が「動く」と表象され、後者では、「今」の方が「動く」と表象される。A系列に含まれる「動き」を考えるときには、たいていこの二つの表象が一体化している(図8参照)。

ふり返ってみると、次のように話が進んできたことになる。

(1)「変化」が、時間にとって本質的なものである。

(2)B系列だけでは、「変化」を説明できない。

したがって、

(3)B系列だけでは、時間を十全に捉えることはできない。

一方、

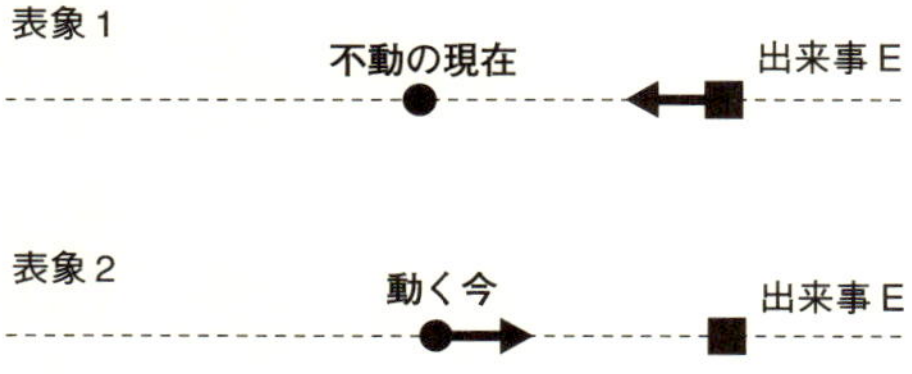

図8

(4)A系列に含まれている「動き」こそが、「変化」を説明する。
したがって、
ステップ3　A系列が、時間にとって本質的である。

A系列は時間にとってほんとうに不可欠か

マクタガートは、A系列が時間にとって本質的であると考える。しかしこれに対して、A系列は時間にとって必ずしも不可欠ではないという反論がありうる。マクタガートは、そのような反論を、三種類取り上げて検討している。それは、次のような三つの議論である[3]。

①A系列の消去を考える議論
②架空の話における時間を考える議論
③複数の実在する時間を考える議論

①では、時間と変化についてのラッセルの見解が取り上げられる。ラッセルの見解の一つのポイントは、「未来である／現在である／過去である」というA特性を、「より前／よ

り後」というB特性によって置き換える点である。

ある出来事Eが「未来である」。→そのように意識したり発話するという出来事「より後」に、出来事Eがある。

ある出来事Eが「現在である」。→そのように意識したり発話するという出来事「と同時」に、出来事Eがある。

ある出来事Eが「過去である」。→そのように意識したり発話するという出来事「より前」に、出来事Eがある。

たとえば、「源義経の死は、まだ未来のことである」は、「源義経の死は、この言明の発話よりも後のことである」に置き換えられ、「源義経の死は、まさに現在のことである」は、「源義経の死は、この言明の発話と同時である」に置き換えられ、「源義経の死は、もう過去のことである」は、「源義経の死は、この言明の発話よりも前のことである」に置き換えられる。

この考え方によれば、「未来である／現在である／過去である」と意識したり発話する主体が存在して初めて、A系列は成り立つ。主体が意識したり発話するという出来事と、その意識や発話において言及される出来事という二つの出来事があって、その二つの出来事間の順序関係として初めて、「未来‐現在‐過去」という時間が成立する。そのように意識したり発話する主体がいなければ、「未来‐現在‐過去」という時間は存在しない。「未来である／現在である／過去である」というA特性は、出来事について述語づけられる性質のように見えていたが、それは見かけにすぎず、出来事（主体の意識や発話という出来事）と出来事（言及される出来事）とのあいだの、B系列上の関係に他ならないのである。

　ラッセルの見解のもう一つのポイントは、真理値（真である／偽である）の交代によって、「変化」を捉えることである。ラッセルの例をそのまま使えば、「火かき棒は熱い」から「火かき棒は冷たい」への変化はこうなる。「時点Tで火かき棒は熱い」は真であるが、「時点T'で火かき棒は熱い」は偽である。真理値のこのような真から偽への交代によって、「変化」を捉える。

　言い換えれば、ラッセルは、マクタガートとは違って、「変化」を出来事の変化としてではなく、物の性質・状態の変化として考えようとしている。ある物（X）が、時点T_1ではC_1という状態であり、時点T_2ではC_2という状態であるならば、これこそが「変化」である。つまり、「変化」とは、物が異なる時点で異なる性質・状態を持つことである。これが、ラッセルの「変化」についての見解である。

ラッセルの見解に基づくならば、A系列はB系列に置き換えることができるし、「変化」は命題の真理値がB系列上で交代すること（あるいは異なる時点で物の性質・状態が異なること）である。したがって、ラッセルの見解では、時間にとってA系列は必ずしも不可欠ではない。

当然マクタガートは、この考え方に反論する。

マクタガートは、ラッセルとは違った仕方で「変化」を考えている。マクタガートによれば、ラッセルの「変化」は、少しも変化ではない。なぜならば、「時点Tで火かき棒は熱い」こと自体は、時点T′になっても、あるいはさらに十年経った時点T″においても、変わることはないからである。また「時点T′で火かき棒は熱くない」こと自体も、永遠に変わらない。どんな出来事も、それぞれの時点でそれぞれのあり方に固定されている。たとえ、時点Tで火かき棒は熱い→時点T′で火かき棒は熱くないが、変化であるように見えたとしても、A系列の捉え方（ある状態から別の状態へと「現在」という中心が移動していくという捉え方）が除去されているならば、実はそれは、単にある時点である状態、別の時点で別の状態であるというだけのことなのである。そして、「変化」を捉えようとして、ある時点から別の時点へ、ある状態から別の状態への「移動」「交代」「転換」を考えてしまうと、A系列の捉え方（「時点Tが現在である」から、「時点T′が現在である」への移行）が入ってきてしまう。したがって、ラッセルのように、A系列の時間把握を消去して、B系列の時間把握だけにしてしまったならば、「変化」など消え去ってしまう。

　マクタガート自身のことばを引用しておこう。


　ラッセルと私との意見の違いはこうなる。彼が、A系列を認めなくても、変化・時間・B系列は保持できると考えているのに対して、私は、A系列を認めないことは変化を認めないことになり、したがって時間とB系列も認めないことになると主張する。

（『存在の本性』Vol.2, Book V, Ch. XXXIII, 318）


A系列を認めなければ、最終的にはB系列をも認めないことになると言われている。それは、B系列が単なる順序関係の系列（後述するC系列についての説明を参照）ではなく、時間的な順序関係の系列だからである。B系列があくまでも「時間の」系列であるためには、「時間」の成立が必要であるが、その時間の成立のためには「変化」が必要であり、その「変化」の成立のためにはA系列が欠かせないのである。やはり、マクタガートによれば、A系列は時間の成立にとって本質的なのである。

　ラッセルの見解のもう一つのポイントについても、マクタガートは次のように反論するだろう。「未来‐現在‐過去」という時間は、主体が意識したり発話したりするという一つの出来事と、その意識や発話において言及されるもう一つの出来事とのあいだの前後関係によっては、説明することはできないと。なぜならば、出来事と出来事との前後関係は、固定的で不変であるのに対して、「未来–現在–過去」という時間の方は、出来事どうしの関係ではなくて、一つの出来事に対してでも過ぎ去ってゆく動的なものなのだから（この問題については、第四章で、「トークン（token）」という概念を導入してもう一度論じる）。

架空の話の中の時間

「時間にとってA系列が本質的である」ということに疑いを投げかける、もう一つの議論を見てみよう。その議論では、架空の物語における時間を考える。マクタガートは、ドン・キホーテの物語を例に取り上げている。ドン・キホーテの数々の冒険は、セルバンテスが十七世紀に書いた架空のお話である。

ドン・キホーテの「ガレー船を漕ぐ囚人たちの冒険」というのは、これから起こる未来のことなのか、まさに今起こっている現在のことなのか、もう過ぎてしまった過去のことなのかと聞かれても、困ってしまうだろう。セルバンテスが、その冒険の話を書くという行為ならば、それは過去のことであると言える。しかし、そこで書かれている内容の方は架空のことなのだから、その冒険は未来のことでも、現在のことでも、過去のことでもない。

しかし、そのお話の中の冒険にも、ちゃんと時間的な順序関係は成り立っている。たとえば、「ガレー船を漕ぐ囚人たちの冒険」は、「風車の冒険」より後である。数々の冒険は、「より前」「より後」という関係によって、時間的な系列をなしている。つまり、架空のお話の中にも、B系列によって捉えられる「時間」はあるということになる。

架空のお話の中の出来事については、「未来である／現在である／過去である」というA特性は適用できないが、「より前である／より後である」というB特性は適用できる。つまり、架空のお話の中には、A系列によって捉えられる時間はないが、B系列によって捉えられる時間はある。お話の中では、A系列なしで、B系列の時間だけが成立している。したがって、A系列は、時間にとって本質的ではない。これが、「時間にとってA系列が本質的である」ということに反対する二番目の議論である。

当然マクタガートは、この考え方に反論する。その反論は、架空のお話には、そもそも「時間」は適用されないと考える方向と、架空のお話にもA系列的な「時間」が適用されると考える方向の二つで構成されていて、そのどちらの方向で考えても、「A系列なしで、B系列の時間だけが成立する」という結論は出ないという反論になる。

一つの方向。あるものごとが、時間の中に位置づけられるということは、それが現実に存在するということである。たとえば、ペガサスやドン・キホーテの「風車の冒険」は、架空の存在であるから、いつの時代に生息し、いつ起こったのかという問いは、意味をなさない（その架空の話を筆者が書いたり、その架空の存在を読者が想像したりすることの方は、現実に存在することなのだから、時間の中に位置づけられるが）。現実に存在しないものは、時間の中に位置づけられない。

一方、ティラノザウルスやアレクサンダー大王の遠征は、現実の存在であるから、白亜紀後期や紀元前四世紀というように、時間の中でポジションが与えられる。このように、時間の中に位置づけられるということは、現実に存在することなのだから、架空の存在には、そもそも時間を適用することはできない。したがって、架空のお話は、「時間」―A系列とB系列―が適用される領域ではない。ということは、架空のお話の中にもB系列の時間だけは見いだせるというのは誤りであり、それは実はB系列でさえないということになる。

もう一つの方向。そうは言っても、架空のお話の中にも、やはり「時間」は持ち込まれているのではないか。たしかに、ドン・キホーテの話の中にも、時間が流れているように思われる。そのように思う場合には、たとえば、ドン・キホーテの「風車の冒険」が、まさに今起こっている「現在」のことであると考えて、ドン・キホーテの未来にはどんな冒険が待ち受けているのかなと考えながらお話を追っている。現実の時間の中に位置づけられているのではなくとも、時間の中に位置づけられているつもりでお話を読む。この場合、お話の中にも、時間が持ち込まれている。ただしその場合には、B系列だけではなくA系列もまた、いっしょに持ち込まれているのである。架空の物や出来事が、時間の中に位置づけられていると信じたり想定したりするということは、A系列の中に位置づけられていると信じたり想定したりすることに他ならないのである。したがって、架空のお話にも、二次的な仕方でではあるが、「時間」―A系列とB系列―が適用できる。

架空のお話の場合には、そもそもA系列の時間もB系列の時間も適用できないと考えるか、あるいは、架空のお話の場合にも、A系列の時間もB系列の時間も（二次的に）適用できると考えるかのどちらかである。いずれにしても、「A系列なしで、B系列の時間だけが成立する」ということにはならない。やはり、時間を考えることとA系列を考えることとは、切り離せないのである。

マクタガートは、以下のように述べている。

こうして、反論に対する答えは、次のようになる。ものごとは時間の中にある限り、A系列の中にある。ものごとが実際に時間の中にある場合は、実際にA系列の中にある。ものごとが時間の中にあると信じられている場合は、A系列の中にあると信じられている。ものごとが時間の中にあるものとして考えられている場合は、A系列の中にあるものとして考えられている。

（『存在の本性』Vol. 2, Book V, Ch. XXXIII, 321）

複数の実在する時間

「時間にとってA系列が本質的である」ということに疑いを投げかける三番目の議論も一《いち》瞥《べっ》しておこう。

複数の時間系列が、相互にまったく独立して実在するという想定をしよう。私たちは、自分たちがその中にいる時間だけが、唯一の実在する時間だと思いがちであるが、そのような実在する時間はほんとうは複数あって、しかも相互にまったく時間的なつながりはないという想定である。

二十一世紀という「現在」の視点から、私たちは過去のことをふり返ったり、未来のことを展望している。この私たちの時間世界（W_1）は、それとは異なる多くの時間世界の中の一つにすぎない。別の時間世界（W_2）では、二十一世紀はまだ未来のことにすぎなかったり、さらに別の世界（W_3）では、二十一世紀は五百年前に終わった過去の時代である。しかも、三つの時間世界W_1とW_2とW_3は、時間的に結びついてはいない。相互に無関係にそれぞれ時間が進行している。つまり、まずW_2が成立して、次にW_1が成立して、その次にW_3が成立するというような時間的な関係はまったくなく、それぞれの時間世界が独立に実在している。そういう想定である。

もちろん、この想定は一種の思考実験である。しかし、このSF的な想定から、次のようなことが言える。過去／現在／未来という区別は、絶対的なものではなくて、各世界ごとに相対化された区別であって、複数の「現在」がある。もちろん、一つの世界の時間の中でも、複数の時点が「現在」になりうるが、その場合には、t_1という時点が現在、次にt_2という時点が現在、その次にt_3という時点が現在……と継起的になっている。しかし、各世界ごとに複数の「現在」があるというのは、それとは違う。W_1の「現在」とW_2の「現在」とW_3の「現在」については、W_2の「現在」が実現↓次にW_1の「現在」が実現↓その次にW_3の「現在」が実現というのではまったくない。W_1とW_2とW_3は、継起的な順序関係にはなく（また同時でもなく）、相互に無関係なのだから。どの世界の「現在」も、それぞれ別個の「現在」でしかないのであって、W_1の「現在」こ

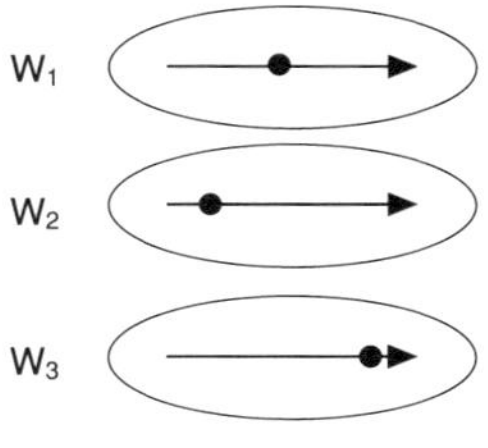

● は「現在」の位置を表す

$W_2 \rightarrow W_1 \rightarrow W_3$という時間関係はない

図9

そがまさに今だというような特権的な「現在」など、(各世界の内部でのみ成立するだけで）複数の時間世界のあいだでは成立していない。文字どおり複数の「現在」が、時間的な結びつきを持たないまま、平等に散在している。このように、特権的な「現在」(この時点こそがまさに今である）が、複数の世界を貫く仕方で存在しないのならば、その特権的な「現在」が系列を移動していくという動的な時間表象―A系列―もまた、成立しない。A系列は、一つの世界の中に閉じ込められている限りで、成り立っているように見えるだけであって、実在する複数の時間世界を考えると、そこでは成り立たない。

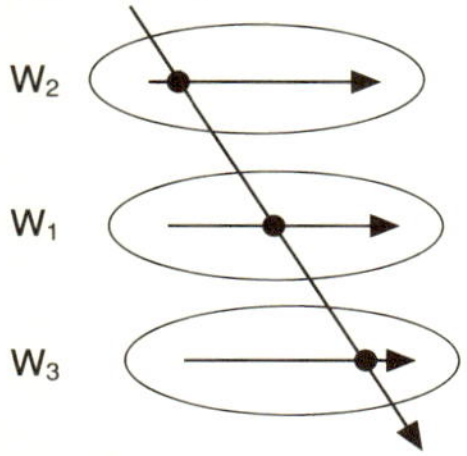

斜線は、複数の実在する時間世界を貫く時間の流れを表すが、そのような時間関係は存在せず、W_1、W_2、W_3は時間的に独立であるという想定である。

図10

結局、複数の実在する時間を想定すると、その複数の時間系列全体は、A系列なしで実在していることになる。少なくとも、A系列なしで実在する複数の時間が、想定しうることになる。したがって、A系列は、実在する時間にとって本質的ではない。これが、「時間にとってA系列が本質的である」ということに反対する三番目の議論である。

当然マクタガートは、この考え方に反論する。

マクタガートの反論は、二つの方向を持つ。一つは、複数の時間系列という想定とA系列が本質的であることとを両立させる方向であり、もう一つは、両者が両立不可能だとしたならば、前者（複数の時間系列という想定）を却下し、後者（A系列が本質的であること）を生かすべきであるという方向である。

まず、両立させる方向から。複数の時間が実在することを認めることは、唯一の特権的な「現在」が実在することを拒否する結果にはなっても、それぞれの世界において、それぞれにとっての「現在」が実在することまでを否定することにはならない。そして、各時間世界における「（それぞれの）現在」の持つ実在性は、想定された複数の時間系列全体の実在性と比べて、実在性の度合いが劣るとは思えない。したがって、複数の時間が実在するという想定をしても、それぞれの時間においては「現在」が実在性を持つし、その実在性の方が大きい。結局、それぞれの時間においてA系列が本質的であることに変わりはなく、複数の実在する時間系列という想定だけから、「時間にとってA系列が本質的ではない」という結論など出てこない。あるいは、こう言ってもいい。時間を考えることとA系列を考えることは、切り離せないからこそ、時間が複数化するならば、A系列も複数化するのである。

次に、複数の時間系列が実在するという想定と、A系列が本質的であることとが、両立することができなくて、どちらか一方だけを選ばなければならないとしたら……、という方向である。その場合には、時間の複数性という想定の方を却下して、A系列の本質性をこそ選ぶべきなのである。なぜならば、複数の時間が実在するという想定は、単なる仮説（思考実験）のようなものにすぎないが、A系列が時間にとって本質的であることの方は、これまでの議論によって十分に支えられているからである。いずれの方向を選ぶとしても、A系列が時間にとって本質的であるという結論は、無傷なのである。

ただし、注意しておかなくてはいけないのは、マクタガートは、自ら積極的に「（複数であれ単数であれ）A系列が実在する」ことを主張したいのではないという点である。むしろマクタガートの最終的な主張は、「A系列は矛盾を含んでいて実在しえない」である。ここでのマクタガートの意図は、相手側の想定（複数の実在する時間系列という想定）を仮に受け入れたとしても、相手側の言う結論（A系列が時間にとって本質的でないこと）は、導かれないという反論をすることにある。マクタガートの主張のポイントは、時間を考えることとA系列を考えることとは、切り離せないという点にこそある。

これまで見てきた三つの議論、すなわち、

①A系列の消去を考える議論

②架空の話における時間を考える議論
③複数の実在する時間を考える議論

このどの議論も、「A系列が時間にとって本質的でない」ということを示せてはいなかった。マクタガートは、ここまでの結論を次のように述べる。

こうして、次のような結論になる。過去・現在・未来の区別は、時間にとって本質的であり、もしその区別が実在に当てはまらないものであれば、いかなる実在も時間の中にはない。

（『存在の本性』Vol. 2, Book V, Ch. XXXIII, 324）

もちろん、「その区別が実在には当てはまらないもの」であることを証明すること、すなわち、その区別には矛盾が含まれることを証明することが、マクタガートの証明の後半の課題である。そして、「いかなる実在も時間の中にはない」とは、「時間は実在しない（real ではない）」という最終結論の言い換えである。これまで、A系列の区別（過去-現在-未来）が時間にとって不可欠であることが、繰り返し確かめられてきた。あとは、A系列の矛盾を炙《あぶ》り出すことに成功しさえすれば、時間が実在しないことが明らかになる。

Ａ系列の矛盾について論じるマクタガートの証明の後半は、章を改めて追跡することにして、その前に、ここまでの証明で大きな役割を果たしていた「Ａ系列」と「Ｂ系列」という二つの時間の捉え方について、補足を加えつつ、両者の関係を考えておこう。

Ａ系列とＢ系列の依存関係

Ａ系列は、「過去‐現在‐未来」による動的な時間把握であり、Ｂ系列は、「より前‐より後」による静的な時間把握である。この二つの時間把握が、どれほどそしてどのように違っているのかを深く納得することが、マクタガートの議論を理解するための、そしてマクタガートを超えて時間を考えるための重要な「鍵」となる。

しかも、Ａ系列の時間把握とＢ系列の時間把握は、単に異なっているというだけではない。どちらが時間にとってより根本的（fundamental）な系列かという点に関して、両者には「優劣の差」がある。マクタガートは、Ａ系列の方が、より根本的な時間把握であり、Ｂ系列はＡ系列に依存して初めて成立すると考えている。

Ｂ系列がＡ系列に依存するというのは、次のようなことである。Ｂ系列を形成する「より前‐より後」という特徴づけは、あくまで時間的な「前・後」なのであって、空間的な前・後関係でもなければ、アルファベットのような単なる順序関係とも違う。Ｂ系列が、単に項目を順番に並べた無時間的な列ではなく、時間的な順序関係であるためには、そこに「時間」が含まれているのでなければならない。そして、その「時間」が成立するためには、A系列が不可欠なのである。ということは、B系列には、「順序＋時間」という仕方で「時間」が含まれており、その「時間」が成立するためにはA系列が必要不可欠であり、結局のところ、B系列が成立するためには、A系列が成立していなければならないことになる。A系列あってのB系列ということである。

B系列はA系列に依存するということを、たとえば、次のように考えることもできる。出来事E_1が出来事E_2「より前である」ということは、(1)E_1が現在であってE_2が未来であるか、(2)E_1が過去であってE_2が現在であるか、(3)E_1が過去であってE_2が未来であるか、(4)E_1の方がより遠い過去であってE_2の方がより近い過去であるか、(5)E_1の方がより近い未来であってE_2がより遠い未来であるか、この(1)〜(5)のいずれかであるということである。「より後である」についても、同様に「過去-現在-未来」に基づいて、理解することができるだろう。つまり、時間的な順序関係の理解とは、「過去-現在-未来」の理解に基づいていて、そこから導き出されるものとして成り立っている。このような仕方で、B系列はA系列に依存しているのである。

C系列

B系列は、「順序＋時間」という仕方で構成されている。つまり、無時間的な順序関係に、さらに時間がつけ加わることによって、B系列は成立している。その「時間」の部分を提供しているのが、A系列であった。そして、「(無時間的な)順序」の部分に対しては、C系列という呼称が与えられている。単純化して言えば、マクタガートは、次のような等式を考えていることになる。

C系列＋A系列＝B系列
無時間的な順序・秩序＋時間的な変化・動き＝時間的な順序関係

C系列について説明しよう。
私たちが、ふつうの意味での「順序」を考えるときには、すでにそこに「時間」が浸透している。たとえば、1、2、3、4、5という順序で数えることと、5、4、3、2、1という順序で数えることを、私たちは「逆」の順序であると言うだろう。同様に、M、N、O、Pという順序と、P、O、N、Mという順序も「逆」であると言うだろう。1、

2、3、4、5と5、4、3、2、1とは別の順序なのであり、M、N、O、PとP、O、N、Mも、異なる順序なのだと考えるだろう。

「順序」についてこのように考えるときにはすでに、一方向に進んでいく「時間」という観念が、そこに働いてしまっている。時間の進む方向で継起するのが、1、2、3、……（小から大へ）なのか、それとも5、4、3、……（大から小へ）なのかによって、順序を区別している。あるいは、最初→次→その次→最後という時間的に継起していくポジションを占めるのが、M→N→O→PなのかP→O→N→Mなのかによって、順序を区別している。「時間」が一方向に流れていくことを前提として使うことによってこそ、どの項目がその流れの「より前」に位置し、どの項目が「より後」に位置するのかが判断されている。このように、私たちがふつうに考える「順序」は、すでに「時間的な順序」（B系列）なのである。

しかし、C系列という名称で呼ばれる「順序」は、このような時間的な方向性を持った「順序」ではない。C系列は、ふつうの意味での「順序」から、時間的な方向性を差し引いた抽象的な順序なのである。いわば、時間の持つ方向性から解き放たれた、ある種の無時間的な「秩序」が、C系列なのである。先ほどの例で考えてみよう。

① 1、2、3、4、5
② 5、4、3、2、1
③ 1、3、4、2、5

C系列としては、つまり時間的な方向性を持たない「秩序」としては、①と②は、「同じ」順序なのである。時間的な「方向」を取り除いて考えるならば、①も②も「同じ」順序であるのに対して、③は、①と②が共有する「秩序」を崩していて、「別の」順序になっている。C系列としては、①②は同じ順序であり、③だけが違う順序である。

同様に、

① M、N、O、P
② P、O、N、M
③ M、O、N、P
④ M、P、O、N

①と②とは、C系列としては「同じ」順序であり、それは、③や④とは「違う」順序な

のである。その他の例をあげれば、アルファベットやあいうえお順なども、A↓Z／Z↓Aという「方向性」、あ↓ん／ん↓あという「方向性」を捨象して、抽象的な秩序の系列として捉えるときには、それらはC系列である。

私たちは、「順序」を考えるときに、どうしても時間的な方向性を加えて考えてしまう。つまり、私たちにとってのふつうの「順序」は、B系列としての「順序」である。それゆえ、そのB系列としての「順序」から、時間的な方向性を後で引き算することによってのみ、かろうじてC系列を捉えることができる。しかし、これは時間の観念に浸された私たちの認識における制限なのであって、実在の姿はそうではない。マクタガートは、そう考える。方向性を持たない順序―C系列―こそが、むしろ実在の姿であり、後からそこに、方向性を持った時間的な変化―A系列―がつけ加えられることによって、ようやくふつうの意味での順序―B系列―が成立する。マクタガートの証明によって、時間は、「非実在的」と宣告されることになるが、その時間というヴェールを剝ぎ取ってもなお残る実在の姿が、C系列である。C系列という実在の秩序が、時間というスクリーンに投影されることによって、「歪んだ姿」で映し出されたものが、「より前‐より後」という順序関係なのである。

C系列+A系列=B系列

C系列とA系列は、何かから導き出すことができるものではないという意味で、どちらも「究極的」なものである。それに対して、B系列は、「派生的」である。二つのそれぞれ「究極的」な系列を組み合わせることによって、B系列が導き出される。C系列とA系列が「接触」して、B系列が派生する様子を、マクタガートは次のように述べている。

(……)変化しかも一定方向の変化を手に入れるためには、次のことが成り立てば十分だからである。C系列の中の一つの位置が、まさに現在であって、過去でも未来でもないということ。そして、この現在であるという特徴が、系列に沿って通過していく際のあり方は、その現在の一方の側にあるすべてのポジションは、かつて現在であったのに対して、もう一方の側にあるすべてのポジションは、これから現在になるということ。この二つのことで十分なのである。かつて現在であったのが過去であり、これから現在になるのは、未来である。

(「時間の非実在性」*Mind* 17, p.463)

M、N、O、P(=P、O、N、M)というC系列があるとしよう。このC系列の項目のどれかが、まさに今現在であるという仕方で、特権化されればよい。たとえば、「Nというポジションが、まさに今現在である」というように。これがC系列とA系列の「接触」に相当する。抽象的な順序という秩序の中に、特権的な「中心」が嵌入《かんにゅう》されたのである。

「中心」の嵌入は、その「移動方向」も与えると考えられている。「まさに今現在である」が出現することによって、「かつて現在であった」側と「これから現在になる」側の二つも出現する。「現在」は、その前者の側（過去）から、後者の側（未来）へ向かって、移動していくことになる。こうして、無時間的な実在の秩序に、方向性を持った時間的な変化が組み込まれたことになり、時間的な順序である「より前-より後」も成立する。「C系列＋A系列＝B系列」という等式の成立である。

三つの立場

時間は実在するのかしないのか、A系列は時間にとって本質的なのか本質的ではないのか、A系列の区別（過去・現在・未来）は実在するものなのか、それとも私たちの認識の仕方のせいで生じる主観的な「幻影」のようなものなのか。このような論点について、次の三つの立場を区別することができる。

1.
①A系列は、時間にとって本質的なものである。
②A系列の区別（過去・現在・未来）は、実在する。
③時間は、実在する。

2.
①A系列は、時間にとって本質的なものではない。
②A系列の区別（過去・現在・未来）は、実在しない。
③時間は、実在する。

3.
①A系列は、時間にとって本質的なものである。
②A系列の区別（過去・現在・未来）は、実在しない。
③時間は、実在しない。

もちろん、マクタガートの立場は、3である。1はある種の常識的な時間観であり、A系列と時間の本質的な結びつき・A系列の実在・時間の実在のすべてを肯定する。2はA系列の実在を否定する点では、マクタガートと同意見であるが、時間をA系列から切り離すことによって、時間の実在を肯定する点で、マクタガートの立場と対立する。

マクタガートの証明は、これまでのところ、①の点をめぐって2という敵対者の立場を攻撃してきたことになる。次は、②の論点である。A系列の区別（過去・現在・未来）が、私たちの認識の仕方のせいで生じる主観的な「幻影」のようなものであることを、マクタガートの証明の後半は示そうとする。次章では、この後半の議論を見てみよう。

第三章

「時間の非実在性」の証明 2

——証明の後半

証明の後半のアウトライン

後半の課題は、時間が実在しない(real ではない)ことを証明することである。マクタガートの証明の手順は、次のようになっている。

A系列は矛盾を含む→A系列は存在しえない→時間は存在しえない→←(α)時間は実在しない

(α)のところ――「時間は存在しえない」から「時間は実在しない」への移行――には注釈が必要である。(α)という推論が可能なのは、「存在すること(existence)」と「実在する(real である)こと」とのあいだの、ある関係が前提になっているからである。それは、「時間がリアルでありうるとすれば、存在するという仕方によってのみだ」という前提である。この点について、もう少し補足しよう。

【注意】以下一二〇頁までは、少々話がこみ入っているし、(α)の箇所にこだわらなければ、飛ばして先へ読み進めてもらっても、議論の理解に支障はないと思う。証明の道筋をつかむためには、一二〇頁の「A系列は矛盾を含む」へと進んでください。

実在（reality）と存在（existence）

マクタガートは、実在（realであるもの・コト）に、二つの異なる領域を区別している[1]。一つは、「2＋2＝4である」や「雷光は、雷鳴より前に知覚される」や「第一次世界大戦の終結日は、一九一八年十一月十一日である」などである。これらは、「真理（truth）」あるいは「コト」の領域である。これらの「コト」は、「成立している」とは言うが、「存在する（exist）」とは言わない。二個のりんごや二個のみかんや四個の果物ならば「存在する」が、「2＋2＝4である」というコトは、成立しているのであって、存在しているのではない。「コト」を考えたり発言している具体的な人間ならば存在するが、思考や発話の中身である抽象的な「コト」の方は、「存在する」のとは違う仕方でリアリティを持っている。

もう一つは、「存在する（exist）」ものの領域である。たとえば、英国国王やピラミッド、さらにそれらが持っている（限りでの）様々な性質や他のものへの影響なども、「存在する」。すなわち、「存在する」という仕方でリアリティを持つ。

この分け方（存在するものの領域と成立しているコトの領域）で言うならば、「ワーテルローの戦いは一八一五年六月十八日である」という事実・コトは、「存在する（exist）」ものの領域に属さないのに対して、（一八一五年六月十八日に起こった）ワーテルローの戦いという出来事・事件の方は、「存在する（exist）」ものの領域に属する。コトと出来事は区別される。

「実在」のこの二つの領域の区別は、「時間」と深く関わっている。つまり、「存在する（exist）」ものの領域とは、時間の中に位置を持つものごとの領域であり、真理やコトというもう一つの領域は、無時間的なあり方（時間的な位置づけを持たないあり方）に対応しているからである。図11のように。

　ワーテルローの戦いという出来事・事件は、時間の中で起こることであり、だからこそ一八一五年六月十八日という時間軸上のポジションが与えられる。しかし、「ワーテルローの戦いは一八一五年六月十八日である」という事実・コトの方は、時間の中には位置づけられない。それは、こう考えてみれば分かる。「ワーテルローの戦いは一八一五年六月十八日である」というのは、何年何月にそうであるのか？　その問いが、的はずれで意味がないということから、事実・コトが時間の中にポジションを持たないことが分かるだろう。「ワーテルローの戦いが一八一五年六月十

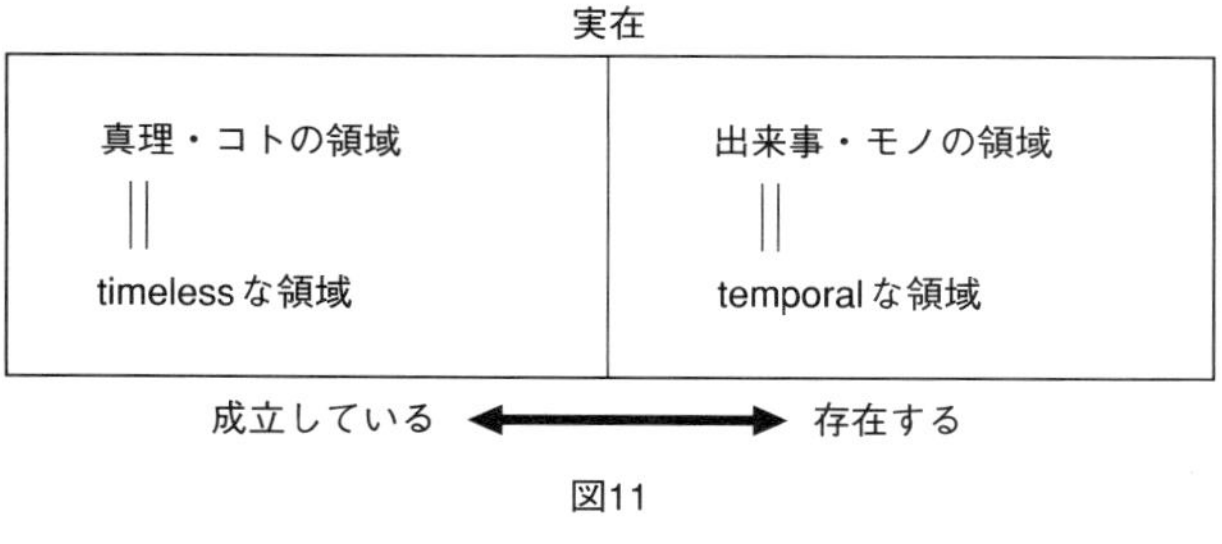

図11

八日である」という事実・コト自体は、時間に関係なく「いつも」成り立つことなのである。同様のことは、ある人が「2＋2＝4である」と書き記している具体的な行為と、「2＋2＝4である」というコト自体についても言える。具体的な書き記す行為は、時間の中で起こるが、算術の真理の方は、時間の中には位置づけられない。

しかし、マクタガートは、この二分法に満足しない。むしろ彼の関心は、存在するもの(existence)の領域の中においても、時間的なあり方をしていないものがあるのではないか？という点にある。つまり、真理やコトや法則などとは違って「存在する(exist)」もの領域に属するのに、それにもかかわらず、時間の中には位置づけられない存在(無時間的な存在)というのがあるのではないか？　存在するもの(existence)の領域と時間的であることとは、必ずしも一致しないのではないか？という関心である。つまり、図12のように、存在するもの(existence)の領域も、さらに時間的な領域(1)と無時間的な領域(3)に分けられるのではないか？　とすると、存在はするが無時間的であるものとは何か？　そういう関心をマクタガートは抱いている。

これは、三種類の「永遠」(永遠1・永遠2・永遠3)を考えることに通じる。「永遠1」は、時間の中で終わりなく続くという意味での「永続」のことであり、「永遠2」は、真理や法則などのような、「存在」の領域にはない無時間的なあり方のことであり、「永遠3」

は、「存在」の領域にあるのになお、時間の中にないというあり方のことである。マクタガートは、「永遠^{3}」の候補として、神やそれ以外の絶対者を考えている。第一章で言及した「永遠の現在」ということばが、想起されるところである。

　話をもとに戻そう。ここでは、マクタガートが言う「第三の領域」（無時間的な存在の領域）があるのかどうかは、あまり問題ではない。というのも、図11であるとしても、図12であるとしても、その両方に等しく言えることがあるから。それは、実在の中での時間的なあり方の位置づけについてである。時間的なあり方（temporal な領域）は、けっして存在（existence）の領域の外にははみ出ない。時間的なものの領域は、必ず存在するものの領域内にある。つまり、実在の部分集合である「存在するものの領域」の中に（図12の場合）、あるいはその領域とぴったり重なって（図11の場合）、時間的なあり方が位置づけられている。

　これが、「時間がリアルでありうるとすれば、存在するという仕方によってのみである」という前提(α)に他ならない。図11にし

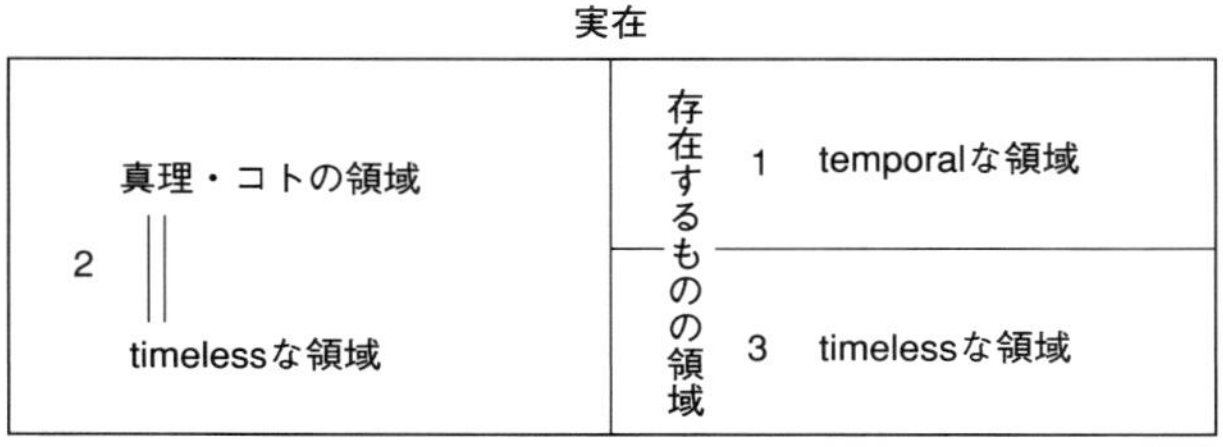

図12

ても図12にしても、実在の一部分である「存在するものの領域」の中にしか、「時間的な領域」はない。この前提を認めるならば、「時間は存在しない」ということから、ただちに「時間は実在しない（realではない）」が帰結する。

「ワーテルローの戦いは一八一五年六月十八日である」という事実・コトは、時間の中に存在するのではないが、リアルである（ワーテルローの戦いの方は、時間の中に存在しリアルであるが）。「2＋2＝4である」というコトも、時間の中に存在しないが、リアルである。しかし、時間的なあり方（temporal な領域）は、かりにリアルであるとすれば存在するという仕方でしかありえないし、存在しないならばリアルではありえない。

時間的な存在と無時間的な存在

存在するもの（existence）の領域に、注目してみよう。マクタガートは、その領域を時間的な存在の領域と無時間的な存在の領域へと、さらに二分しようとした。この二つの領域（図12の1と3）の関係はどうなっているのだろうか。

実は、時間的な存在の領域と無時間的な存在の領域は、二つの別々の領域なのではない。その意味では、先ほどの図12は不正確であった。二つの重ならない別の領域があるかのような図になっていたからである。

二つの領域は、一方が見かけの姿で、他方がそれの真の姿という関係になっていると、マクタガートは考える。ほんとうは無時間的に存在しているにもかかわらず、それが時間的に存在しているかのように見える。水をはった器に、まっすぐな棒を入れると、曲がって見えるのと同様である。まっすぐな棒が真の姿であり、曲がった棒が見かけの姿であって、別々の棒が二本あるわけではない。棒は一本あるだけである。存在するものの領域も、見かけの姿と真の姿に二重化しているだけであって、実は一つなのである。図13のように。

時間的な存在の領域とは、無時間的な存在の領域の「幻影（illusion）」なのである。まっすぐな棒と水の中の曲がった棒とのあいだには、対応する箇所や保存されて残る性質があるのと同様に、時間的な存在という「幻影」の中にも、無時間的な存在という「真の姿」

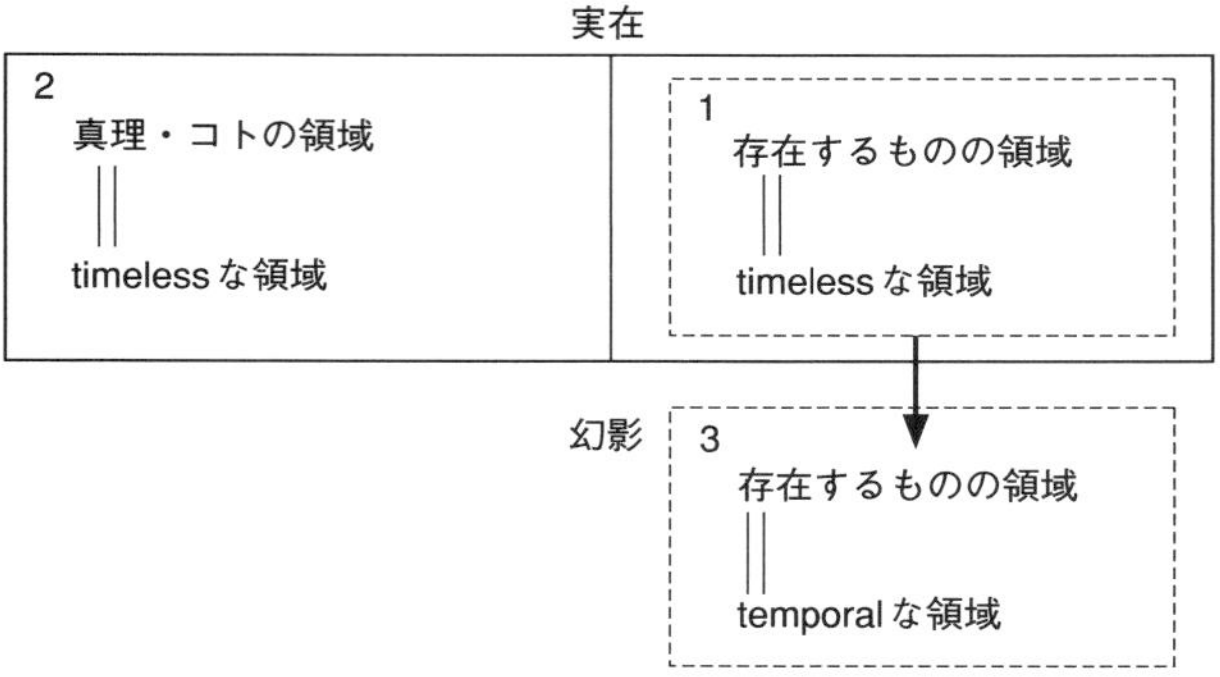

図13

が、何らかの仕方で残存している。たとえば、C系列という無時間的な秩序と、B系列という時間的な順序系列とのあいだには、一定の対応関係があった。M↓N↓O↓P と P↓O↓N↓M という（逆の）時間的な順序には、MとNとOとPが構成する無時間的な秩序が反映している。時間的な「より前」「より後」という関係は、無時間的なC系列の秩序を、時間的なバイアスを加えて表象したものなのである。

あるいはまた、「永遠の現在」という表現を考えてみよう。それは、時間的な存在の領域という「幻影」を通して、無時間的な存在の領域という「真の姿」を透かし見ようとした表現である。

まず、「永遠の現在」とは、ピラミッドがこれまで四千年以上ものあいだずっと存在し続けてきたのと同じような意味で、現在の状態が終わることなくいつまでも続いていくという意味ではない。それは、時間的な永続ではあっても「永遠の現在」ではない。さらに、「永遠の現在」とは、真理や法則などの無時間的なあり方とも違う。真理や法則などは、無時間的ではあるが、「存在するもの」の領域ではなく、「成立していること」の領域にある。

「永遠の現在」という表現は、時間的な「存在するもの」の領域（図13の3の領域）から、無時間的な「存在するもの」の領域（図13の1の領域）へと接続するための苦肉の表現である。「現在」という表現が、その接続のための蝶番《ちょうつがい》のように働く。「過去」はしだいに遠ざかっていき、「未来」は近づいてきて、私たちとの関係をつねに変えている。しかし、「現在」は私たちとの関係を変えることなく、私たちがいる時点がつねに「現在」であり、それが原点となる。この「恒常性」がメタファーとして働く。また、「過去」は、すでに過ぎ去って「ない」ものだし、「未来」はまだやってこなくて「ない」ものである。「現在」だけが、ありありと「ある」。「過去」や「未来」とは圧倒的に異なるリアリティが、「現在」には宿っている。この特別な「リアリティ」がメタファーとして力を持つ。このように、「永遠の現在」という表現は、時間の中の特異点（現在）を突破口にして、存在の領域の真の姿（永遠3）にふれようとしている。そのように考えることができる。

ここまで、実在と存在、時間的な存在と無時間的な存在について、マクタガートがどのように考えていたかの概略を述べた。これらは、マクタガートの証明のいわば「背景」に相当する。そのような背景の中に、A系列の矛盾についての証明も埋め込まれている。

さて、「背景」から証明そのものに、話を戻すことにしよう。

A系列は矛盾を含む

これから検討するのは、「出来事Eは、未来である」「出来事Eは、現在である」「出来事Eは、過去である」というA系列、あるいはそこに含まれている「未来である」「現在である」「過去である」というA特性である。A特性は、出来事に対して帰属させられるものだとマクタガートは考えている。ここには、A特性は出来事の性質を表すのか、それとも出来事と何か（X）との関係を表すのかという問題はあるのだが[2]、そのどちらであるにしても、矛盾を含むのだと考えられている。最大のポイントは、この「矛盾」である。

マクタガートは、次のように述べている。

過去・現在・未来は、互いに両立不可能な規定である。どんな出来事も、そのどれかでなければならないが、どの出来事もそのどれか二つ以上であることはできない。もしある出来事が過去であると言うとすれば、それは現在でも未来でもないということを意味するし、その他の場合も同様である。そして、この排他性は、変化にとって、それゆえ時間にとって本質的なものである。というのも、我々が手に入れることのできる唯一の変化は、未来から現在へ、現在から過去へという変化であるのだから。

それゆえ、過去・現在・未来という特徴づけは、両立不可能なものである。しかし、どの出来事も、それらの特徴をすべて持っていなくてはならない。もしMという出来事が過去のことであるならば、それはかつて現在や未来であったのだし、もしMという出来事が未来のことであるならば、それはこれから現在や過去になるのだし、もしMという出来事が現在ならば、それはかつて未来であったことがあり、これから過去になる。このように、三つの特性はすべて、一つ一つの出来事に帰属している。このことと、その三つの特性が互いに両立不可能であることとは、どのようにして整合的になるのだろうか。

（『存在の本性』Vol. 2, Book V, Ch. XXXIII, 329）

どこが矛盾しているのだろうか？　出来事は、両立不可能な三つのA特性をすべて持っていなければならないという点である。

それは、あるものが「赤色である」「青色である」「黄色である」という三つの特徴をすべて持っていなければならない事態に似ている。この三つの特徴は、A特性と同じように、互いに排他的である。つまり、「赤色である」ということは、「青色でも黄色でもない」ということを意味するし、「青色である」ということは、「赤色でも黄色でもない」ということを意味するし、「黄色である」ということは、「赤色でも青色でもない」ということを意味する。この両立不可能な三つの特徴をすべて持っていなければならないとすれば、それは矛盾した事態である。矛盾した特徴を持たなければならないものなど、存在できない。マクタガートの考えを、次のように整理しておこう。ポイントは、出来事とA系列と変化との組み合わせの中に、矛盾が見いだされる点である。

1.出来事は「過去である」「現在である」「未来である」の三つのA特性をすべて持たなくてはならない。

2.「過去である」「現在である」「未来である」の三つのA特性は、変化を表すためには、互いに排他的でなければならない。

ゆえに、

3.A特性が出来事に適用されるならば、その出来事は、互いに排他的な三つの特性をすべて持たなくてはならない。これは、矛盾である。

マクタガートとは違う言い方で表してみよう。

出来事は、A系列的な「変化」の内にあると同時に外にもなくてはならない。

一方で、出来事は、未来から現在へと到来し過去へと過ぎていくという「変化」のまさにただ中にある。「変化」としての未来・現在・過去は、「互いに他を押し出し合う」「他を排除し合う」ことによってこそ、未来は現在へと、現在は過去へと移り変わる。出来事は、このA特性の相互排他性を引き受けることによってこそ、「変化」の内にあると言える。しかし他方で、出来事は、そのような「変化」を超えて同一の出来事であり続ける。出来事は、未来・現在・過去の推移に影響を受けることなく、未来・現在・過去のすべてを、その外から通覧し、自らの内に包み込んでいるかのようにも見える。出来事は、「変化」の内にあるだけではなく、その「変化」を自らの内に閉じ込めもする。こうして、出来事は、A系列的な「変化」の内と外の両方に位置するかのような、奇妙な様相を呈する（マクタガートの「矛盾」の実相を捉える試みについては、第四章と第五章を参照）。

A系列は矛盾を含まない

ちょっと待った。この「矛盾」があるとする議論は、どこかおかしくないだろうか。たしかに、出来事が「過去である」「現在である」「未来である」の三つの特性をすべて〈同時に〉持つとしたら、それは矛盾であろう。しかし実際には、そんなことはない。出来事には、まず「未来である」が帰属させられ、その次に「現在である」が帰属させられ、その次に「過去である」が帰属させられるというような具合に、出来事は〈継起的に〉三つの特性を持つのである。出来事は〈一挙に〉「過去である」「現在である」「未来である」のではなくて、〈次第に〉「未来である」から「現在である」へ、そして「過去である」になっていくのである。ここには、まったく矛盾などない。そもそもマクタガート自身、矛盾を指摘するときに、次のように表現していたではないか。

> もしMという出来事が現在ならば、それはかつて未来であったことがあり、これから過去になる。
> （『存在の本性』Vol. 2, Book V, Ch. XXXIII, 329）

つまり、「もしMという出来事が現在ならば、それは未来でもあり、過去でもある」とは言っていない。もとの英語では、M *is* present, past, and future. ではなくて、M *is* present, *will be* past, and *has been* future. と言っているのである。三つの両立不可能なA特性は、たしかに一つの出来事に帰属させられるが、「時制（テンス）」が、それぞれのA特性ごとに異なっているので、〈継起的に〉帰属させられている。ここには、まったく矛盾はない。次のように、三通りの帰属のさせ方（時制の割りふり方）が可能である。

①出来事Mは、(今は)未来であり、(これから)現在となり、過去となる。
②出来事Mは、(かつては)未来だったが、(今は)現在であり、(これから)過去となる。
③出来事Mは、(かつては)未来だったし、現在だったが、(今は)過去である。

両立不可能な特徴であっても、〈同時に〉〈一挙に〉ではなくて、〈別々の時に〉〈異なる観点から〉帰属させられるのであれば、矛盾にはならない。もう一度、あるものが「赤色である」「青色である」「黄色である」という三つの特徴をすべて持っていなければならない事態を思い出してみよう。たしかに、この三つは両立不可能な色であるから、あるものが〈同時に〉〈一挙に〉三つの違う色をすべて持つことは、矛盾であって不可能である。しかし、同一のものが、たとえばある光$_1$のもとでは「赤色であり」、別の光$_2$のもとでは「青色であり」、さらに別の光$_3$のもとでは「黄色である」という事態は、まったく矛盾ではないし可能である。

出来事もまた、「過去である」「現在である」「未来である」という両立不可能な三つの特性を、それぞれ異なる時間的視点(時制)に応じて、すべて持つことができる。それは、何ら矛盾ではないし、可能なのである。したがって、「矛盾」があるとするマクタガートの議論は、誤りである。

それでもA系列は矛盾を含む

マクタガートは、このような反論をすでに予想していて、それへの再反論を用意している。マクタガートの再反論は、相手（矛盾はないと言ってマクタガートに反論する者）を「循環」や「無限後退」という窮地へと追い込むという戦法を取る。

［1］循環へ追い込む（再反論1）

「矛盾はない」と反論する者は、こう言った。「過去である」「現在である」「未来である」という三つの特性を持つのは、〈同時に〉ではなく〈継起的に〉であるから、そこに矛盾はないのだ、と。その場合、〈継起的に〉というのは、「まず……（未来であり）、その次に……（現在になり）、その次に……（過去になる）」というように、〈時間的な順序に沿って〉ということである。ということは、「矛盾はない」と反論する者は、B系列的な「時間」の観念（時間的な順序関係）を使うことによって、「矛盾」を回避している。

しかし、マクタガートによれば、B系列的な「時間」（時間的な順序関係）が成立するためには、A系列―過去‐現在‐未来―が必要不可欠であった。A系列＋C系列＝B系列であったことを、思い出そう。

そして、B系列（時間的な順序関係）を可能にするA系列こそが、矛盾を含んでいて成立しえないという主張を、マクタガートはしているのである。マクタガートは、「A系列は矛盾しているから成立しえない。ゆえに時間は成立しえない」という主張をしているのに、相手側は、「〈継起的に〉という仕方で時間（B系列）を導入して考えれば、A系列に矛盾はない」と反論していることになる。いわば、マクタガートと反マクタガート側とのあいだには、次のような「すれ違い」が起きている。

マクタガート：A系列は矛盾している。→ゆえに、時間は存在しえない。
反マクタガート：時間は存在する。→ゆえに、A系列は矛盾していない。

マクタガートに対して反論するのであれば、A系列に矛盾が含まれていないことを論証することによってこそ、時間が存在しうることを示さなければならない。しかし、反マクタガート側は、時間（B系列）が存在することをあらかじめ使ってしまって、A系列に矛盾はないと言っている。A系列を成立させることによってこそ確保されるはずの時間（B系列）を、A系列を成立させるために使ってしまっている。こうして、相手側は悪循環に陥っているのだと、マクタガートは攻撃する。

そのB系列によって、A系列は矛盾なく成立する→時間が成立する→B系列の成立

あるいは、マクタガートは、次のように再反論する。

「矛盾はない」と反論する者は、「時制」という時間的視点を導入することによって、矛盾を回避しようとしていた。つまり、「かつては……だった」(過去)・「今は……である」(現在)・「これから……となる」(未来)という観点を区別することによって、両立不可能な三つの特性を、両立可能なものへとずらしていた。次のように。

①出来事Mは、(今は)未来であり、(これから)現在となり、過去となる。
②出来事Mは、(かつては)未来だったが、(今は)現在であり、(これから)過去となる。
③出来事Mは、(かつては)未来だったし、現在だったが、(今は)過去である。

しかし、矛盾を回避するために導入されたものは、まさにA系列の区別(過去-現在-未来)に他ならないではないか。相手側は、A系列を矛盾のないものとして説明するために、当のA系列を使ってしまっている。A系列の成立のために、A系列の成立があらかじ

め前提にされてしまっている。やはり、相手側は悪循環に陥っているのだと、マクタガートは攻撃する。

A系列の成立によって、A系列は矛盾なく成立する。

「A系列は矛盾を含まない」という反論は、以上のように悪循環に陥ることによって、成功していない。つまり、A系列の矛盾を除去しようとすると、そのA系列が成立して初めて成立可能なB系列を先取りして使用してしまうか、あるいは、A系列そのものを矛盾のないものとしてあらかじめ使用してしまうかのどちらかになってしまう。このような悪循環に陥っていては、A系列から矛盾が取り除かれることはない。これが、マクタガートの再反論1である。

［2］無限後退へ追い込む（再反論2）

「矛盾はない」と反論する者が行っていたのは、時制表現を用いた次のような「書き換え」である。①②③への書き換えによって、矛盾するかのように見える外見（両立不可能な三つの特性をすべて持つ）を取り除き、「矛盾はない」と反論していたのである。

出来事Mは、「未来である」「現在である」「過去である」という三つの特性をすべて持つ。

⇩

①出来事Mは、(今は)未来であり、(これから)現在となり、過去となる。
②出来事Mは、(かつては)未来だったが、(今は)現在であり、(これから)過去となる。
③出来事Mは、(かつては)未来だったし、現在だったが、(今は)過去である。

マクタガートは、この「書き換え」をとりあえず受け入れ、さらに次のように書き換えてみせる。時制表現が、時点の表現へと置き換えられる。

①出来事Mは、現在の時点では、未来であり、
未来の時点では、現在であり、
もっと未来の時点では、過去である。
②出来事Mは、過去の時点では、未来であり、
現在の時点では、現在であり、

③出来事Mは、未来の時点では、過去である。
もっと過去の時点では、未来であり、
過去の時点では、現在であり、
現在の時点では、過去である。

代表として②を取り上げることにしよう。「かつては……だった（has been...）」（過去）は、「過去の時点では……である（is...at a moment of past time）」に置き換えられ、「今は……である（is...）」（現在）は、「現在の時点では……である（is...at a moment of present time）」に置き換えられ、「これから……となる（will be...）」（未来）は、「未来の時点では……である（is...at a moment of future time）」に置き換えられている。矛盾を回避するために反論者が用いた時制表現を、マクタガートは時点表現を用いてさらに明示的に書き換えている。反論者の言い分は、こうなる。「出来事Mは、未来であり・現在であり・過去である」は矛盾するように見えるが、実はそうではない。なぜならば、A系列表現をもう一回導入して、時間的な視点の区別を明確化すれば、矛盾は難なく回避されるからである。「書き換え」は、そのような発想に基づいている。

ある出来事・時点が、両立不可能な三つのA特性をすべて持つという「矛盾」を、図14

のようにイメージしておこう。そして、A系列をもう一回導入して（二重化して）、その矛盾を回避した状態を、図15のようにイメージしておこう。図14は、●が、いっぺんに「過去である・現在である・未来である」という特性を持つために「矛盾」が生じているというイメージであり、図15では、三つの特性が、それぞれ別の時間的な視点（三本の矢印で表す）へとふり分けられているので、「矛盾」は生じないというイメージである。

　ここから、マクタガートの再反論が開始される。回避され消えたかに見えた矛盾は、図

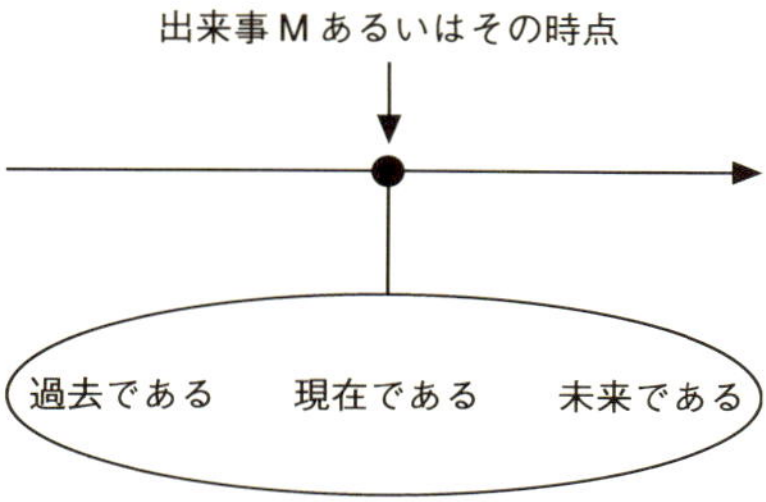

図14

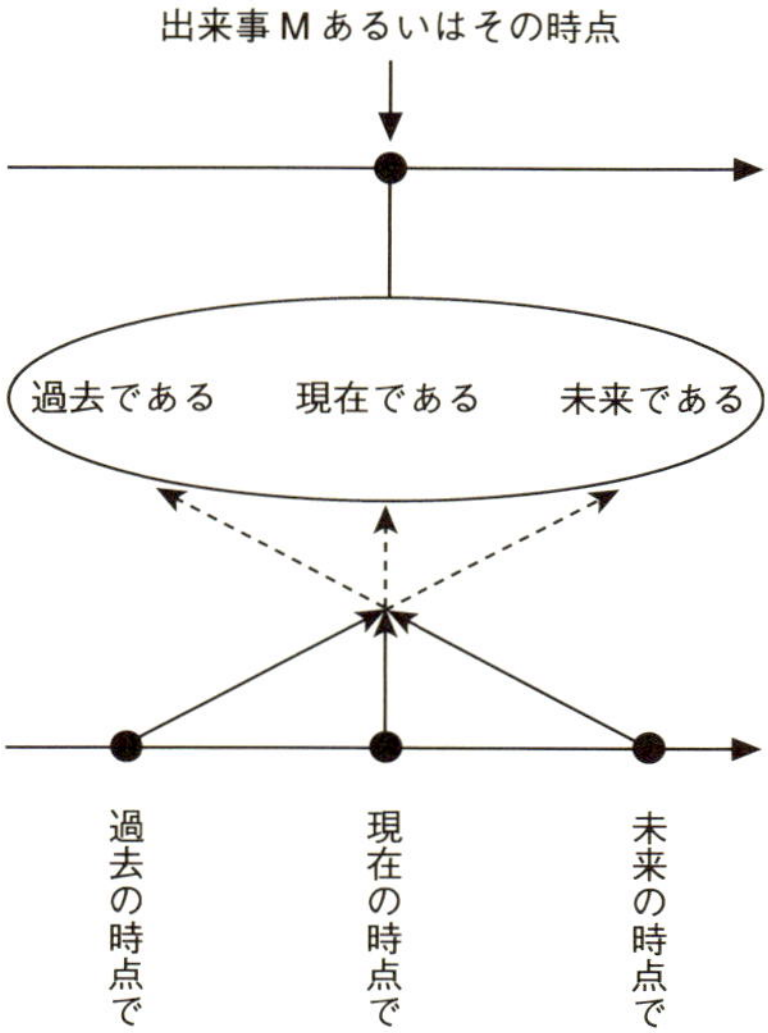

図15

15で再導入されたA系列の「各時点」のところに、もう一度戻ってくる。これが、マクタガートから反マクタガート側へ向けられた再反論の要点である。

再導入されたA系列上の各時点（三つの●）は、A系列を構成しているのだから、どの時点もそれぞれ「過去である」ことも「現在である」ことも「未来である」こともできるのでなければならない。たとえば、図15で「現在の時点」と呼ばれている●も、もちろん「現在」に固定されているわけではなく、その時点自体が「未来である」ことも「過去である」ことも可能でなければならない。

ということは、図15のどの三つの時点（三つの●）であっても、「過去である」「現在である」「未来である」という三つの特性をすべて持たなくてはならない。これこそ、最初の段階で生じた、両立不可能な三つのA特性をすべて持つという「矛盾」に他ならない。A系列の再導入によって回避したと思った「矛盾」が、もう一度舞い戻ってきている。この事態をイメージにすると、図16のようになる。再導入されたA系列上の三つの時点はどれも、三つのA特性をすべて持っている。

もちろん、この矛盾をさらに回避するために、もう一度A系列を再々導入して、時間的な視点の区別を呼び戻すことはできる。図17のように、下にもう一本A系列を表象する線を追加して、どのような時間的な視点から捉えたときに、「過去である」「現在である」

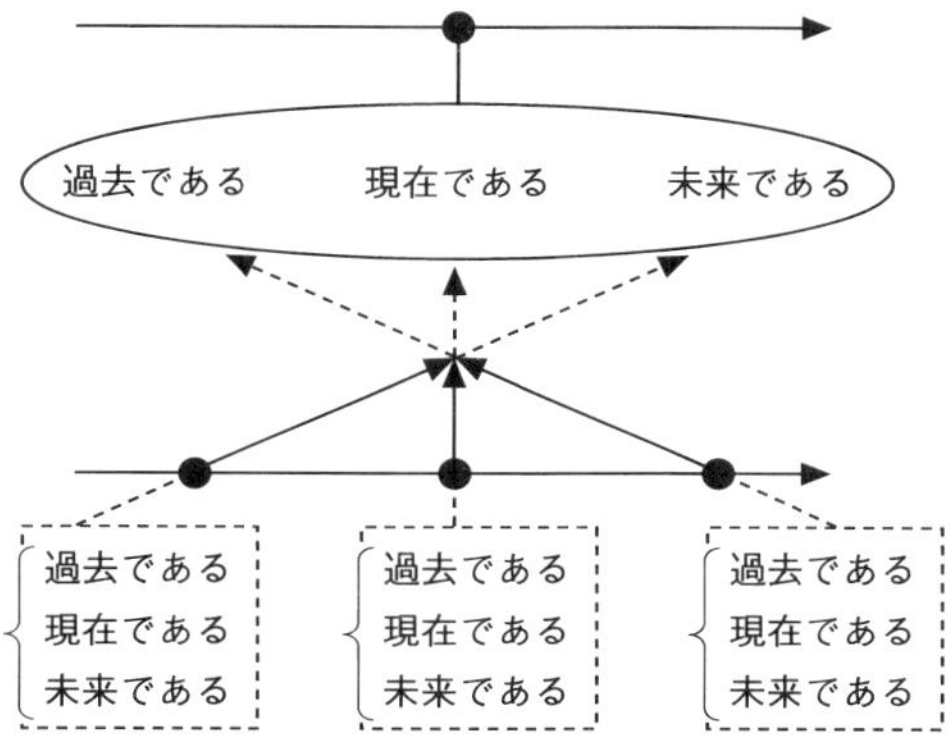
過去である
現在である
未来である
過去である
現在である
未来である
過去である
現在である
未来である
過去である
現在である
未来である

図16

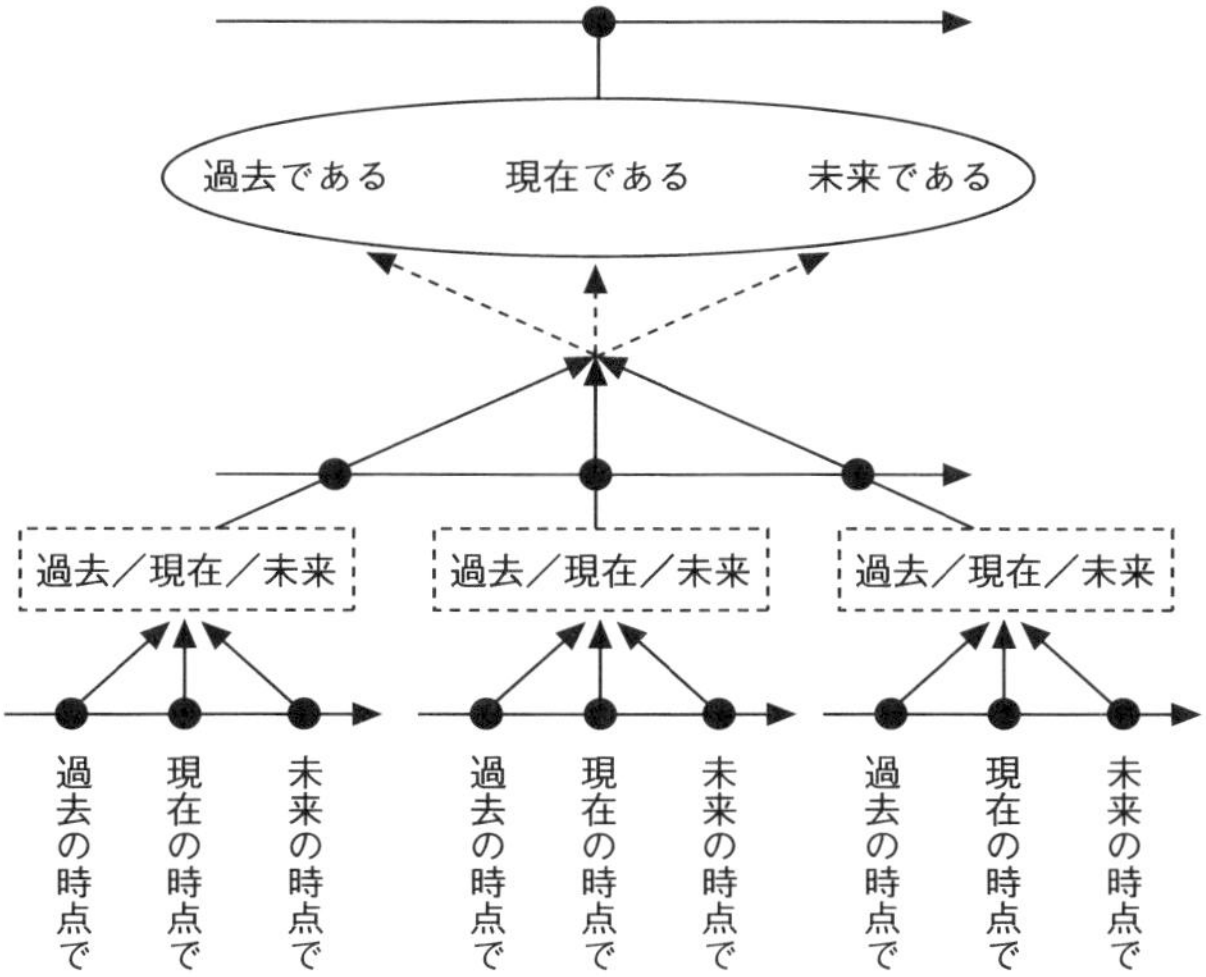
過去である
現在である
未来である
過去／現在／未来
過去／現在／未来
過去／現在／未来
過去の時点で
現在の時点で
未来の時点で
過去の時点で
現在の時点で
未来の時点で
過去の時点で
現在の時点で
未来の時点で

図17

「未来である」のかをさらに区別すれば、三つの特性を一挙に持たずにすむ。
しかし、この矛盾回避が再び失敗することは、もう明らかだろう。三番目に導入されたA系列（図17の一番下の線）の九つの時点（九つの●）もまた、A系列を構成しているのだから、どの時点（●）もそれぞれ、「過去である」という特性・「現在である」という特性・「未来である」という特性、そのすべてを持たなければならない。それは、両立不可能な三つの特性をすべて持つという「矛盾」である。さらに、それを避けるために四番目のA系列を再々導入しても……。こうして、A系列の再導入による矛盾の回避は、無限にA系列を導入し続けなければならない事態（無限後退）に追い込まれる。そして、最初の段階で生じていた、両立不可能な三つのA特性をすべて持つという「矛盾」は、何度でも回帰してくる。ゆえに、矛盾から逃げ切ることはできない。言い換えれば、A系列の多重化は「二重」「三重」では止まらず無限に多重化し続け、それに伴って、A系列の「矛盾」も無限に受け継がれ遺伝していく。

証明のゴール

反マクタガート側を「循環」や「無限後退」へ追い込むことによって、A系列はついに矛盾から逃れられないのだということを、マクタガートは示した。マクタガートの証明は、ステップ4「A系列は矛盾している」の段階を完了したことになる。ここからゴールへは、ほんの一歩である。

まず、「A系列は矛盾している」ことから、「A系列は存在しえない」ことが帰結する。矛盾するものは、存在することができないからである。さらに、「A系列は存在しえない」ということからは、「時間は存在しえない」ということが帰結する。なぜならば、時間にとってA系列は本質的だからである。

そして、かりに時間が実在にあてはまる（realである）とするならば、それは時間が存在するという仕方によってのみである。時間については、存在することと実在する（realである）こととは一致すると見なしてよかった（一一三頁〜一二〇頁参照）。

ゆえに、「時間は存在しえない」ということからは、「時間は非実在的である（unrealである）」という結論が導かれる。これが、ゴールである。

さらに、「時間は存在しえない」ということからは、「B系列も存在しえない」ということが帰結する。なぜならば、B系列の順序関係が単なる抽象的な順序関係ではなく、時間的な順序関係（より前-より後）であるためには、A系列が成立していなければ（すなわち時間が成立していなければ）ならないからである。まとめると、こうなる。

A系列は矛盾を含む（ステップ4）。
←（矛盾するものは、存在しえない）
A系列は存在しえない。
←（A系列は時間にとって本質的である）
時間は存在しえない。
←（時間が実在するとすれば、存在するという仕方によってである）
時間は非実在的である（ゴール）。
B系列も存在しえない。

マクタガート自身のまとめのことばを引用しておこう。

こうして、A系列の実在性（という仮定）は、矛盾という結果になってしまうので、退けられなければならない。そして、変化と時間がA系列を必要とすることは分かっているのだから、変化と時間の実在性も却下しなければならない。同様に、B系列は時間を必要とするので、B系列の実在性も却下しなければならない。ほんとうは、何ものも、現在でも過去でも未来でもない。ほんとうは、何ものも、他のものより前であったり、後であったり、時間的に同時であったりなどしない。ほんとうは、何ものも変化しない。ほんとうは、何ものも時間の内にはない。我々が何かを時間の内で知覚するときは常に—それしか、自らの現在の経験の中で、我々がものを実際に知覚するやり方はないのだが—、我々は、多かれ少なかれ、実在の姿とは違う仕方でものを知覚しているのである。

（『存在の本性』Vol. 2, Book V, Ch. XXXIII, 333.（　）内は引用者補足）

証明がゴールに達した後、マクタガートは、自説に対しての想定反論に検討を加えていく。ここでは、論文「時間の非実在性」と主著『存在の本性』の両者から、三種類の反論とその検討を取り出し、まとめておこう。検討されるのは、一つは「時間」を究極的なものとみなす議論であり、もう一つはC・D・ブロードの「未来」についての議論であり、三つ目は「体験される時間」についての議論である。順番に見ていこう。

反論の検討(1)——「時間」を究極的とみなす議論

マクタガートは、仮想敵の「A系列は矛盾を含まない」という議論を、循環や無限後退に陥るものとして退けた。循環に陥るということは、時間やA系列を説明するために、当の時間やA系列があらかじめ前提にされてしまうということであり、無限後退に陥るということは、新たなA系列が無限に導入され続けることであった。しかしそれは、マクタガートの言うように、時間やA系列が無効であるということを、ほんとうに表すのだろうか？　そうではないのではないか？　むしろ、時間やA系列が、それ以上遡《さかのぼ》って他のものによっては説明することのできない、また説明する必要もない「究極のもの」だからこそ、循環や無限後退が生じてしまうのではないか？　マクタガートが示したのは、時間が非実在的であるということではなくて、むしろ、時間が究極的なものであるということではないのか？

このような反論を、マクタガートは認めない。その理由は、「矛盾」にある。矛盾こそが循環や無限後退を生み出しているのだから、時間が「究極的なもの」という考え方は認められない。マクタガートは、ただ単に循環したり無限後退に陥ると言って、仮想敵を責めているのではない。矛盾が含まれていることを指摘しているのだ。

マクタガートの議論構成では、いわば「始めに矛盾ありき」である。A系列では、出来事や時点が「過去である」「現在である」「未来である」という両立不可能な三つの特性を持たなければならない。ゆえにA系列は矛盾する。これが証明のコアの部分である。そして、そのような矛盾があるからこそ、それを避けようとして循環や無限後退が生じる。つまり、矛盾こそが循環や無限後退を起動する。そのような議論構成になっている。

もし、ただ単に循環や無限後退があるだけならば、反論が言うような「時間の究極性」を、マクタガートも受け入れるかもしれない。しかし、マクタガートが取り出したのは、ただの循環や無限後退ではなく、矛盾によって始まり、矛盾を受け継ぎ続けていく循環や無限後退なのである。したがって、時間が説明不可能／不要であっても、それは「究極的なもの」であることの証拠にはならない。時間は「矛盾」を含んでいるのだから、究極的なのではなく、非実在的なのである。

反論の検討(2)――「未来」についての議論

C・D・ブロード（Charlie Dumbar Broad 1887-1971）は、B・ラッセルやG・E・ムーアとともに、ケンブリッジ分析学派の主要人物の一人である。彼は、『マクタガート哲学の研究』（一九三三―一九三八）という千三百ページを超える大著で、マクタガートの形而上学体系の解釈と批判を詳細に行っている。

そのブロードが『科学的思考』(一九二三)に記した時間についての見解を、マクタガートは『存在の本性』(一九二七)で取り上げている。マクタガート自身は、時間(過去・現在・未来)を、一括して非実在的であるとする。その点では、過去・現在・未来の扱いに決定的な差はない。一方、ブロードは、過去と現在の実在性は認め、未来はまったく何ものでもなく(無であり)、実在性を持たないと考える。過去・現在と未来とのあいだには、決定的な断絶がある。

ブロードの見解では、過去は蓄積し、存在の合計量をつねに増加させていく。これまでに起こった出来事の数の合計は増大していくと考える人や、昔の受験生の方が歴史の暗記事項が今より少なくてよかったと思う人は、ブロードと似たような考え方をしていることになる。その成長しつつある存在の合計量のとりあえずの最大地点が、「現在」である。したがって、「現在」という先端のさらに先は、まだ存在していない。過去の蓄積が増加することによってのみ、「さらに先」が新たな先端として出現するのだから。蓄積したものと蓄積しつつあるもののみが実在性を持ち、未来は、未来である限り、まだ単に無でしかない。マクタガートのように一緒に扱うことなどできないほど、過去・現在と未来とのあいだには、存在と無との大きな差がある。

ブロードの見解では、未来についての言明は、それに対応する事実もそれに反する事実も、そのどちらもまだ存在していないのだから、それは真でも偽でもない（排中律が成り立たない）。一方、過去や現在についての言明の場合には、たとえ実際に確かめることはできなくとも、その言明に対応したり反したりする「何か（事実）」は存在するので、真であるか偽であるか、そのどちらであるかは定まっている（排中律が成り立っている）。

たとえば、「昨日、雨が降った」という過去言明は、真であるか偽であるかのどちらかに決まっている。実際に昨日雨が降ったという事実があるときには、その言明は真になるし、昨日は晴れていたという事実があるときには、その言明は偽になる。真であるか偽であるかのどちらかであって、たとえどちらであるかを知らない人でも、どちらかに定まっていることは認める。しかし、「明日、雨が降る」という未来言明の場合は、事情が異なる。その言明は、まだ真でも偽でもない。実は真か偽かは定まってはいるのだが、たまたまそれを私たちは知らないというのではない。どんな事実も、そもそもまだ存在していないのだから、それを知るも知らないもない。「増加していく存在の蓄積」の最先端はあっても、最先端のその先はまだ何もない。未来言明の言及先は、そのような何もないところでしかない。

マクタガートは、ブロードの見解をこのように捉えたうえで、その見解に三つの反論を加えている。
①ブロードは、こう考えていることになる。過去・現在はしっかり実在していて、それに言及する言明は真か偽かのいずれかである。一方、未来は誤って過去・現在と同じように扱われて、まるで「ある」かのように誤解されてしまいがちであるが、実は「ない」のであって、それに言及する言明は真でも偽でもない。これでは、実在（過去・現在）と非実在（未来）との対比が、まるで枯れ尾花と幽霊との対比であるかのように、つまり正確になされた知覚と、誤った知覚（ないものをあるかのように誤解）との対比になっている。

しかし、これは実在と非実在の対比ではない。マクタガートが考えた実在と非実在との対比は、正確に知覚されたものと誤って知覚されたもの、存在するものと存在しないものという対比ではない。むしろ、その両者とも、「幻影」として同じ水準にあり、ともに非実在的なので

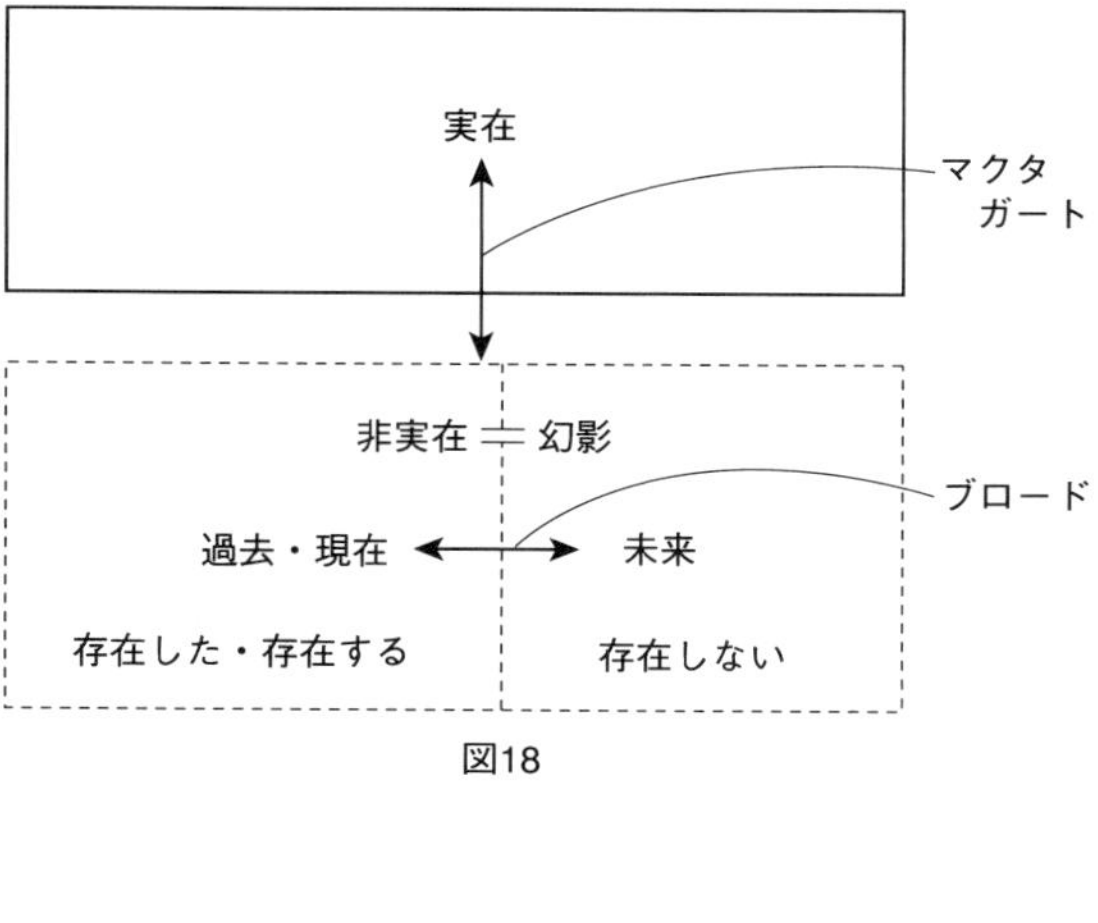

図18

ある。存在が蓄積して増大していく(現在という最先端が更新されつつ過去が膨れ上がっていく)という「変化」自体が、そもそも「幻影」であり非実在的なのである。過去・現在と未来との差など、その「幻影」の中での下位区分にすぎない。実在には変化も時間もなく、全体が一挙にC系列の秩序のように成立しているのだから、「過去と現在は存在する(した)が、未来はまだ存在していない」という対比自体が、「幻影」──時間──の中で繰り広げられている非実在的な差異である。

したがって、「明日、雨が降る」という未来言明も、時間という「幻影」においては、つまり今の時点では、その真偽が決められないように見えるだけであって、実在の姿においては、対応する事実があるかないか、その言明は真であるか偽であるかは無時間的に確定している。未来についての言明だからといって、それが真でも偽でもないということは不可能なのである。

②すでに確定している「未来」の事例として、次のような例をマクタガートは考えている。過去において、ある方向に月が見えていたことから、未来の時点ではどの方向に月が見えるかは、(様々な要因を考慮に入れなければならないにしても)基本的には決まっている。また、ある人が子どもを持つことなく死を迎えたとすれば、その人の孫が結婚するという出来事が、将来にわたって起こらないことは決定している。

原因と結果の連鎖は、どんなに複雑なつながりになったとしても、どこかで途切れてしまうということはない。複雑すぎて、過去における原因と未来における結果との遠いつながりを、私たちが認識できないということはあるかもしれないが、それでも原因と結果は連綿とつながっているはずである。だから、未来の出来事は、過去の原因となる出来事によって因果的に決定している。したがって、過去についてのある言明が真であることから、未来についてのある言明が真であることを導き出すこともできる。こうして、未来についての言明であっても、真であるということが確定していることは可能である。

これは、ブロードの「未来」観—未来は過去や現在とは違って存在せず、未来についての言明は真でも偽でもない—と相反している。ブロードの見解を受け入れると、因果的な決定が成立しないことになってしまう。したがって、捨てられるべきは、因果的な決定ではなく、ブロードの「未来」観の方である。

③仮にブロードの考え方を認めたとしても、それでも時間が矛盾を含むことに変わりはない。

ブロードが正しいとすれば、過去や現在と並ぶものとしては未来は「ない」のだから、出来事や時点が、過去・現在・未来という両立不可能な三つの特性を持つという矛盾に陥ることは避けられるだろう。出来事や時点は、増大しつつある存在の先端に位置する（現在である）か、その存在体の沈殿した部分である（過去である）かのどちらかしかない。出来事や時点があってしまうかぎり、「未来である」という特性―「ない」という意味に等しい特性―を持つことはない。

しかしそれでも、出来事や時点が、過去と現在という両立不可能な二つの特性を持たねばならないことに変わりはない。時間に矛盾が含まれることを証明するためには、これだけで十分である。この矛盾を避けようとして、過去と現在によって構成されるA系列を再導入しても、前と同じように循環や無限後退に陥ってしまうことは、容易に見当がつくだろう。

ブロード的な時間を認めたとしても、過去と現在に関しては、やはり矛盾は避けられない。ゆえに、時間は矛盾を含んでいて、非実在的である。

反論の検討(3)――「体験される時間」についての議論

マクタガートが「時間は非実在的である」という結論を導き出したのは、論証によってである。しかし、時間は、私たちが直接的に体験しているものなのではないか。そういう反論があるかもしれない。

マクタガートは、時間を実在に対して当てはまると仮定すると矛盾に陥ることを示した。すなわち、出来事や時点（という実在の側）が、過去・現在・未来という三つの特性を持つことの不合理を示した。しかし、そもそも時間は私たち自身が体験するものであり、過去・現在・未来という三区分も、私たち自身の側の体験―記憶と知覚と予期―の区別から、生じたものではないのか。時間は、向こう側（実在）には属さなくとも、こちら側（私たちの体験）には属するのではないか。

知覚と記憶と予期は、それぞれ違った質を持った心の状態である。何かを見たり触ったりするという体験には、なまなましい直接性やありありとした現実性が伴っているが、思い出すという体験には、それとは違った別種の質が伴うし、期待したり予想したりする体験の場合もまた違った質が伴う。たとえば、痛みの知覚と、痛みの知覚を思い出すことと、痛みの知覚を予想することを比べてみれば、それぞれの質の違いは明らかだろう。

それぞれの体験の特質を、現在性（presentness）・過去性（pastness）・未来性（futurity）と呼んでおこう。この三つの特質を持った体験を私たちがしていることこそが、時間を論じるときの出発点である。その体験がベースにあって初めて、そこから二次的に、向こう側（実在）へも、過去・現在・未来という時間が投射される。

まずは、私が今、実際に体験している直接的な知覚がある。この知覚体験自身は、現在性という特質を持っている。

次に、この現在性という特質が、知覚体験と同時的にあるものすべてに対しても、拡張適用される。知覚体験自身が持つ現在性という特質が分け与えられて、知覚されているものやこと（実際には知覚されていなくとも、同時であると考えられるものやこと）もまた、「現在である」という特性を持つようになる。

そしてさらに拡張される。たとえ直接的な知覚を体験している人が誰もいなくとも、体験からは独立に、出来事や時点は「現在である」という特性を持つと考えられるようにさえなる。

同じように、過去や未来という時間も、私たちの記憶（過去性の体験）や予期（未来性の体験）から生い立ち、その主観的な体験から離脱し、客観的な出来事や時点へと帰属させられることになる。

この考え方は、直接体験される時間性の場面に、時間の実在性を見いだそうという方向の議論である。これは、マクタガートへの有効な反論になりうるだろうか。マクタガートは、この考え方を、次に述べるような二つの理由で退ける。

①まず、「現在とは、私が今体験している直接的な知覚の質である」や「知覚と同時的なものへと、現在は拡張使用される」という考え方は、「循環」を含んでいるから、有効な反論にはなりえない。「現在」を説明するために、「今経験している」とか「同時的」であ

るという表現が使われている。つまり、「現在」を説明するために、「現在」を使ってしまっている。説明すべきものを、説明に使っているので、説明になっていないのである。

そうかといって、この循環に陥らないようにするために、「現在とは、私が今経験している直接的な知覚の質である」から、〈私が今経験している〉を取り除いてしまったら、どうなるだろうか。別の言い方をすれば、「現在とは、まさに現前している直接的な知覚の質である」から、〈まさに現前している〉の部分を取り除いて、「現在とは、直接的な知覚の質である」とするならば、説明は成功するだろうか。

説明は成功しない。〈私が今経験している〉〈まさに現前している〉が取り除かれてしまった「直接的な知覚」とは、〈私が今経験しているのではなくて、かつて経験したことのある〉「直接的な知覚」や、〈まさに現前しているのではなくて、これから現前するであろう〉「直接的な知覚」をも表してしまう。つまり、「直接的な知覚」という表現だけでは、過去の時点で生じた「直接的な知覚」も、まさに今生じている「直接的な知覚」も、未来の時点で生じる「直接的な知覚」も区別されずに一緒になってしまう。したがって、「現在とは、直接的な知覚の質である」という説明では、異なる時点に並列している複数の「それぞれの現在」の説明にはなっても、そこを継起的に移動していく特権的な「この現在」の説明にはなりえない。「この現在」の直接性や現実性は、各時点での「直接的な知覚体験」によって説明されるものではなく、むしろ説明に先立って前提されてしまうものなのである。

こうして、説明としては勇み足になるか、足りないかのどちらかになってしまう。この困難の指摘は、すでに詳述した「A系列の矛盾は回避できない」ことを示す証明―循環と無限後退―の場合と、基本的に似ている。こうして、論証に注目するのではなく、私たちが体験する時間に注目したとしてもなお、同じ種類の困難に遭遇する。

②ここまでは、証明の場面と同じ困難が、体験の場面でも生じることが指摘されていた。しかし、もう一つ、証明の場面と体験の場面とで大きく異なる点―体験される主観的な時間に固有の問題―も指摘される。つまり、「見かけの現在」という概念が使われて、時間の非実在性という結論が、それほどパラドクシカルな結論ではないのだということを、マクタガートは主張する。

「見かけの現在 (specious present)」とは、体験される主観的な現在である。たとえば数秒の幅のある時間が「現在」として意識される。どれくらいの長さが「現在」として体験されるかは、人によっても環境によっても異なるが、ある一定の持続時間が一つのまとまった「現在」として体験される。しかし、主観的には「現在」であるまとまりも、客観的には、厳密な「現在」とは言えない。幅のある時間は、その幅の始めの方が経過するときには、終わりの方はまだ未来であるはずだし、逆にその幅の終わりの方が経過するときには、始めの方はもう過去のはずである。「見かけの現在」には、ほんとうは過去と未来が浸透している。したがって、「見かけの現在」は、実在における「客観的な現在」(?)とは対応していない。意識の主観的な働きが、実在において過去・未来であるような範囲までを含めて、区別なく一つにまとめる。こうして、一定の持続を含んだ「現在」が作り出される。その心理的な「現在」が、「見かけの現在」である(specious presentという概念は、心理学者E・R・クレイによって導入され、ウィリアム・ジェイムスの『心理学原理』〈一八九〇〉によって知られるようになった概念である)。

「時間は非実在的である」というマクタガートの結論が、パラドクシカルで受け入れがたいと思われてしまうのは、その結論が私たちの経験と反していると感じられるからであろう。私たちは「現在である」という経験を持っているし、その「現在」の経験に入ってこないものを、「過去」として思い出したり「未来」として期待したり……という経験をする。時間が非実在的であるという結論は、そのような私たちの時間経験が、単なる幻想や誤謬にすぎないと告げているように聞こえる。

しかし、マクタガートは、そうではないのだと答える。実在に当てはまるような時間が存在しないからといって、私たちの経験する時間が単なる幻想や誤謬だということにはならない。時間の非実在性が証明されることと、私たちが時間経験を持つこととは、十分両立しうる。そのことを説明するために、「見かけの現在」という概念が使用される。つまり、「見かけの現在」という考え方が、「時間は実在しない」という主張の逆説性を、和らげてくれる。

「見かけの現在」と、実在すると仮定した場合の「現在」とは、対応していない。「見かけの現在」は、人や状況に応じてその幅が変わる。そのため、X氏にとっては「過去である」と判断されることが、Y氏にとっては「見かけの現在」の範囲の中にあるということもありうる。これは別に矛盾ではない。「見かけの現在」・経験される時間は、主観的なものなのだから、X氏にとってつらいことが、Y氏にとっては楽しいことであるのと同様である。それに対して、かりに実在における客観的な「現在」というものがあるとすれば、それは、人や状況に左右されない固定された幅を持つ持続か、それとも幅のない瞬間のどちらかでなくてはならないだろう。そのどちらのあり方も、私たちが経験する「現在」とはまったく異なっている。

あるいは、実在における客観的な「現在」があるとすれば、それは、私たちの経験とまったくずれてしまったり（私たちの経験では「過去」でも、実在においては「現在」である等）、そもそも私たちの経験においてはまったく気づかれない「現在」であってもよいことになる

（はたして、このような実在的な「現在」を信じなければならない理由など、あるだろうか。マクタガートは、ないと考えている）。

こういうわけで、客観的な「現在」というものは、ほんとうは実在しないのだと証明されたとしても、その影響は「見かけの現在」には及ばない。客観的な時間系列が実在してもしなくても、私たちの時間経験はそれに左右されることはない。

証明されたのは、実在する時間はありえないということであって、私たちの経験する時間が、単なる幻想や誤謬であるということではない。実在に当てはまる時間というのは幻想にすぎないが、経験される主観的な時間は誤謬ではない。むしろ、経験される主観的な時間も、無時間的な実在を何らかの仕方で反映するという形で、実在とつながっているはずである。

残る「実在」

マクタガートの結論のことばを、引用しておこう。

結論はこうなる。時間全体も、A系列とB系列も、実在しない。しかし、C系列がまさに実在するという可能性が残されていることになる。A系列は、その不整合ゆえに退けられ、A系列を却下することには、B系列を却下することが含まれた。しかし、C系列には、そのような矛盾は見つかっていないし、A系列の無効性からは、C系列の無効性は出てこない。

（「時間の非実在性」*Mind* 17, p. 473）

実在の候補として残るC系列は、時間的な系列ではないが、それでも系列ではある。時間系列の場合には、Mという出来事はNという出来事より前であり、Nという出来事はOという出来事より前である（B系列）、あるいはMは過去であり、Nは現在であり、Oは未来である（A系列）という具合になっていた。しかし、時間系列は「現れ（appearance）」ではあっても「実在（reality）」ではない。実在の系列におけるM、N、Oは、「より前」「より後」という関係にあるのでもなく、「過去-現在-未来」という特性も持たない。ただ、NはMとOのあいだに位置するというミニマルな秩序だけを、仮象としての時間系列と共有している。そのような「秩序」―実在におけるポジション―が、C系列であった。

もちろん、ここまでの議論からは、次のような可能性も残っている。すなわち、「実在」は、時間系列でもなく、また系列でさえないものという可能性である。ただし、マクタガート自身は、「実在」をC系列として考える方向を追求している[3]。しかし、マクタガートの議論を追いかけるのは、ここまでにしよう。

次章では、マクタガートの議論そのものからは距離をおいて、マクタガートの証明を検討してみることにしよう。マクタガートの証明は成功したのかどうか、その証明から何を読み取るべきなのか、マクタガートとは違う方向へ歩む可能性などを考えてみたい。

第四章

証明は成功したのか

この章の概略

第二章と第三章では、できるだけマクタガート自身の議論に沿う形で、「時間の非実在性」の証明を追いかけてきた。しかし、その証明は、はたして成功したのだろうか。読者は、「時間の非実在性」の証明に、完全に説得されただろうか。

おそらく、証明の全体は、マクタガート自身が意図したようには成功していないだろう。読者も、説得される部分はあっても、完全に納得するまでには至っていないのではないか。その証明は、巧妙ではあるが、どこかトリックがありそうで、騙されているような気がする……という感想もあるかもしれない。

マクタガートの証明の価値は、その成功にではなく、むしろその独特の「失敗」の中にこそある、と私は思う。しかし、その躓きの原因がどこにあり、どのような種類の誤りなのか、またどのように考え直すべきなのかを言い当てることは、それほど簡単ではない。あるいは、マクタガートの証明など単純な誤謬にすぎないと切り捨ててしまうと、「失敗」の持つ独特の価値と奥行きは見えなくなってしまう。その証明は、全体としては歪んでいるように思えるのだが、個々の構成要素は緊密に連携し合っていて、意外に堅固であり、一部分だけを単純に修正するというわけにはいかない仕組みになっている。歪んでいながらも、ある種の均衡を保った独自の小宇宙を形作っていて、その中にいったん入り込むと、脱出口が見つけにくい。

これまでのところ、マクタガートの証明の一つ一つのステップを経由して、ひとまず証明のゴールにまでたどりついている。しかし今度は、これまで通った道をむしろ逆向きにたどり直しながら、ほんとうにそのステップは正しかったのか、他のステップの踏み方はなかったのか、どこを考え直すべきなのか等々を、検討しよう。

これから検討するポイントを、大ざっぱに述べると、次のようになる。

I　「実在しない」とは、どのようなことであるべきだったのか？
II　A系列が矛盾することは、ほんとうに証明されたのか？
III　A系列とB系列の関係は、ほんとうはどのようなものなのか？

Iでは、「時間は実在しない（realでない）」という結論によってマクタガートが表現しようとしたことを、捉え直す。その「実在（reality）」観には、ある種の「ゆれ」や「不十分さ」が含まれていることを論じ、「時間は実在しない」が、何を意味するべきだったのかを検討する。

IIでは、マクタガートの議論の中心部分である「A系列が矛盾を含むことの証明」を検討する。「矛盾」は証明されてはいないと考える反マクタガート的な方向と、やはり「矛盾」は見いだせると考える親マクタガート的な方向の両方向から迫り、矛盾の実相を明らかにしていく。また、証明をめぐって交わされる議論を、三つの形而上学的な立場の「三つどもえ」として読み解く。

IIIでは、A系列とB系列の関係を、マクタガートのように「B系列はA系列に依存する」と考えるだけでよいのかどうかを、検討する。また、A系列と変化との一体化した関係についても、疑問を投げかける。

I 「実在しない」とは、どのようなことであるべきだったのか？

マクタガートの証明のゴールが、「時間は実在しない」であることは明らかなのだが、しかしその「実在しない」ということが、どのようなことであるのかは、必ずしも明確ではないし、また証明全体を通じて定まっているというわけでもない。いったいどのような意味で、「時間は実在しない」とマクタガートは言う（あるいは言うべきだった）のだろうか。

たとえ、ゴールに至るまでの証明の手順がすべて正しいものだとしても、その到達地点の意味が十分に展開されていないならば、証明は成功したとは言えないだろう。

第一章や第二章で見たように、そもそも「実在」という概念には、いくつかの意味が輻輳している。(1)みかけ(仮象)ではない「ほんとうの姿」であるという意味、(2)心の働きに依存しない、それから独立した「それ自体であるもの」という意味、(3)「ありとあらゆるものごとを含む全体」、あるいは「その全体が一挙に成り立っていること」という意味。(4)矛盾を含まない整合的なものであるという側面。さらにつけ加えるならば、(5)「リアル」「リアリティ」という概念は、ありありとした(いきいきとした)現実感が伴っているものという派生的な意味で使われることもある。

マクタガートは、「時間は実在しない」ということで、(1)〜(5)のどの意味の「実在」を念頭に置いて議論していたのだろうか。実は、ここに問題点がある。マクタガートの「実在」は、何らかの形で(1)〜(5)のすべてに関わってくる。しかし(1)〜(5)の輻輳が、マクタガートの枠組みの中で、安定したものでありうるかどうか。それが怪しい。

客観的なものとしての実在

マクタガートは、論文の最後の方(「反論の検討(3)――『体験される時間』についての議論」の後半、一五一〜一五四頁参照)で、「見かけの現在(specious present)」に言及していた。それは、主観的な「現在」・心理的な「現在」であって、人によって状況によって持続の幅も異なる。厳密には過去や未来が入り込んでいる一定の持続を、私たちの意識が一括りの「現在」として扱うのであった。マクタガートは、このような主観的に体験される時間の存在を否定しようとしているのではない。私たちの体験の側に属する時間（見かけの現在）を問題視しているのではなくて、実在の側に時間を適用できるか（＝時間は実在するか）を問うているのだ、とマクタガートは言う。

この箇所から、マクタガートは、「実在」とは客観的なものだと考えていることが分かる。「実在」とは、私たちの心理的・主観的な体験とは鋭く区別される何ものか、私たちの意識のあり方からは独立のものだと考えられている。これは、(2)の心の働きに依存しない、それから独立した「それ自体であるもの」という意味で、「実在」を考えているということである。

私たちがそれを意識しようとしまいと、私たちがそれをどのように体験しようとも、それには左右されずに、意識や体験の向こう側に確固として存在する何か。それが、主観的・心理的な体験と対比された、客観的なものとしての「実在」である。マクタガートは、そのような客観的なものとしての「実在」には、過去-現在-未来という時間は当てはまらないのだと主張していたことになる。

しかし、ここには次のような問題点がある。

私たちの体験の側に属する時間としての「現在」、それが「見かけの現在」と呼ばれるのだが、それが「見かけの」現在であるためには、それと対比される「見かけではない現在」、つまり「ほんとうの現在」「客観的な現在」が、想定されていなければならないのではないか？という問題点である。

もし「見かけの現在」と対比して、「ほんとうの現在」「客観的な現在」が想定されているのだとすると、客観的なものとしての「実在」の側に、「現在」という時間が適用されることになってしまう。これでは、「時間は実在しない」「実在には時間は適用されない」というマクタガートの結論に反してしまう。

しかし一方、「ほんとうの現在」「客観的な現在」などまったく想定されていないのだとすると、「見かけの現在」が、「見かけ」である意味はなくなってしまう。「見かけの現在」が、「見かけ」でありうるのは、次の場合に限られる。それは、各人や状況によって異なる「主観的な現在」を超えた「客観的な現在」が想定されたうえで、それからの偏差として「主観的に体験される現在」を捉えることができる場合である。「実在」に適用されるような「客観的な現在」がまったく想定しえないところでは、「見かけの現在」「主観的な現在」は、その「見かけの」・「主観的な」という意味を失って、ただ単に「現在」であることになってしまう。

「実在とは客観的なものであり、時間は主観的なものなので実在しない」という枠組みで考えてしまうと、「主観的な現在」「見かけの現在」は、保持されなければならないと同時に抹消されなければならないというディレンマに直面してしまう。この問題点から読み取れることは、「客観的なものとしての実在」と「主観的な時間」という枠組みだけで考えていてはうまくいかないのではないか、ということである。「主観的／客観的」という二分法によって、「時間」を前者に「実在」を後者にふり分けるだけではすまないだろうということである。

マクタガートも、それほど単純ではない。「見かけの現在」について論じる箇所では、「客観的なものとしての実在」と「主観的な時間」という枠組みで考えているように見えるが、その直前の箇所では、主観的な体験（直接的な知覚体験）に回収することのできない「現在」──現実化している「現在」の現実性──に依拠した議論を展開していた。

「現実性としての現在」という実在

「反論の検討(3)───『体験される時間』についての議論」の前半（一四七〜一五一頁参照）で、マクタガートは、時間を主観的な体験の「質」（記憶体験・知覚体験・予期体験それぞれの質的な違い）に還元しようとする議論を退けている。その議論のポイントは、まさに現実化している「現在」の現実性は、知覚体験の質的な特徴（直接性やなまなましさ）には還元できないという点にあった。

なぜ「現実性」は、主観的な知覚体験の質に還元できなかったのか？　それは、「まさに今現実化している」という現実性は、主観的な知覚体験から導かれるものではなく、知覚体験に対して、あらかじめ加えておくしかない前提のようなものだからである。「直接的な知覚体験」というだけならば、「かつて体験した直接的な知覚体験」も「これから体験することになる直接的な知覚体験」も、どちらも同じ「直接的な知覚体験」である。つまり、「直接的な知覚体験」ということだけからは、それが「まさに今現実化している知覚体験」であることまでは出てこない。「直接的な知覚体験」は、各時点における「現在」（各時点にとってのその時点の「現在性」）の質を与えることはできても、その複数の時点（可能的な「現在」）のうちで、ただ一つだけがまさに現実に「現在」であるというその「現実性」は、与えることができない。「知覚体験」の中に、あらかじめ「過去のものでも未来のものでもなく、まさに今現実化している」という現実性を読み込んでおくしかないのである。

この「まさに今現実化している」という現実性こそが、「客観的なものとしての実在」

と「主観的な時間」という枠組み（二分法）からは、はみ出してしまう要素である。その「現実性」は、私たちが意識し体験する「見かけの現在」とは違う。それは、私たちがまさに今意識したり体験している「見かけの現在」の中には含まれているが、私たちがさっき意識したり体験した「見かけの現在」の中には含まれていない「現実性」である。「まさに今現実化している」という現実性は、主観的な体験としての「見かけの現在」の中へ入り込んでくることも、そうでないこともできる何かである。

しかし、その「現実性」は、「客観的なものとしての実在」でもない。なぜならば、それは、「私たちがまさに今意識したり体験している」ことから分離独立させることができない何かであって、「それ自体である客観的なもの」とは言えないからである。「まさに今現実化している」という現実性は、主観的な体験としての時間とも、客観的なものとしての実在とも、イコールで結ぶことのできない第三の要因である。

このような「現実性としての現在」を、マクタガートは、他の箇所でも強く意識していたと思われる。たとえば、第二章で扱った「複数の実在する時間」というSF的な想定のところ（九四頁～一〇〇頁）を思い出してみよう。

そこでは、①複数の時間の実在（という想定）、②唯一の特権的な「現在」が実在しなくなること、③各時間世界ごとの「（それぞれの）現在」の実在性は否定されないこと、の三つをマクタガートは区別しながら論じていた。もちろん、この箇所は、想定反論を論駁するという文脈の中にある。しかしそれでも、特権的で唯一的な「現在」(現実的な現在)と、それぞれの時点における複数的な「現在」(可能的な現在)とを区別する視線を、マクタガートが持っていたことを読み取ることができる。

さらに、A系列とC系列との「接点」を論じていた箇所(一〇六〜一〇七頁)をふり返ってみよう。C系列とA系列が「接触」して、B系列が派生する様子を、マクタガートは次のように述べていた。

もう一度引用しておこう。

(……)変化しかも一定方向の変化を手に入れるためには、次のことが成り立てば十分だからである。C系列の中の一つの位置が、まさに現在であって、過去でも未来でもないということ。そして、この現在であるという特徴が、系列に沿って通過して行く際のあり方は、その現在の一方の側にあるすべてのポジションは、かつて現在であったのに対して、もう一方の側にあるすべてのポジションは、これから現在になるということ。この二つのことで十分なのである。かつて現在であったのが過去であり、これから現在になるのは、未来である。

(「時間の非実在性」*Mind* 17, p. 463)

この箇所にも、現実的な「特権的な現在」と可能的な「複数の現在」との対比を読み取ることができる。まずは、「C系列の中の一つの位置が、まさに現在であって」という仕方で、現実的で特権的な中心が嵌入《かんにゅう》される。そして、「かつて現在であった」「これから現在になる」という仕方で、可能的な「複数の現在」がC系列上に重ね描きされる。可能的な「複数の現在」から区別される現実的な「唯一の現在」が、A系列をC系列に接触させるための原点・基準点の役割を果たしている。

このような「現実性としての現在」は、「客観的なものとしての実在」ではないが、それでもある種の「実在性」を帯びているのではないだろうか。たとえば、(1)のみかけ（仮象）ではない「ほんとうの姿」であるという意味での「実在」の候補、あるいは、(5)のありありとした（いきいきとした）現実感が伴っているものという意味での「実在」の候補であるとは言えないだろうか。

「現実的な唯一の現在」こそが、「現在」の「ほんとうの姿」であって、「可能的な複数の現在」などは、その影のような薄められた姿であると考えるならば、「現実性としての現在」は、(1)の意味での「実在」となる。あるいは、「ありありとした（いきいきとした）現実感」とは、単なる主観的な体験の質ではなくて、「この今」が持つ特別な現実性であると考えるならば、「現実性としての現在」は、(5)の意味での「実在」となる[1]。

以上から、マクタガートの議論の中には、「客観的なものとしての実在」とは違う、別の「実在」観も含まれていることが分かった。その「実在」観—現実性としての現在—は、「客観的なものとしての実在」と「主観的な時間」という枠組み（二分法）をはみ出してしまうものである。と同時に、「現実性としての現在」は、「見かけの現在」「主観的な体験としての現在」に対しては、「ほんものの現在」「超-体験的な（あるいは非-体験的な）現在」としても働く。それは、「客観的なもの」ではないが、「主観的な体験」にも還元されない第三の何かである[2]。

したがって、「時間は非実在的である」という結論から、「時間は主観的なものであって、客観的には実在しない」ということを引き出すだけでは不十分である。さらに、「現実性としての現在（この今）」は、実は時間的なあり方ではないとか（第一章「永遠の現在」の論参照）、時間とは、実は「現在」（この今）として現実化す

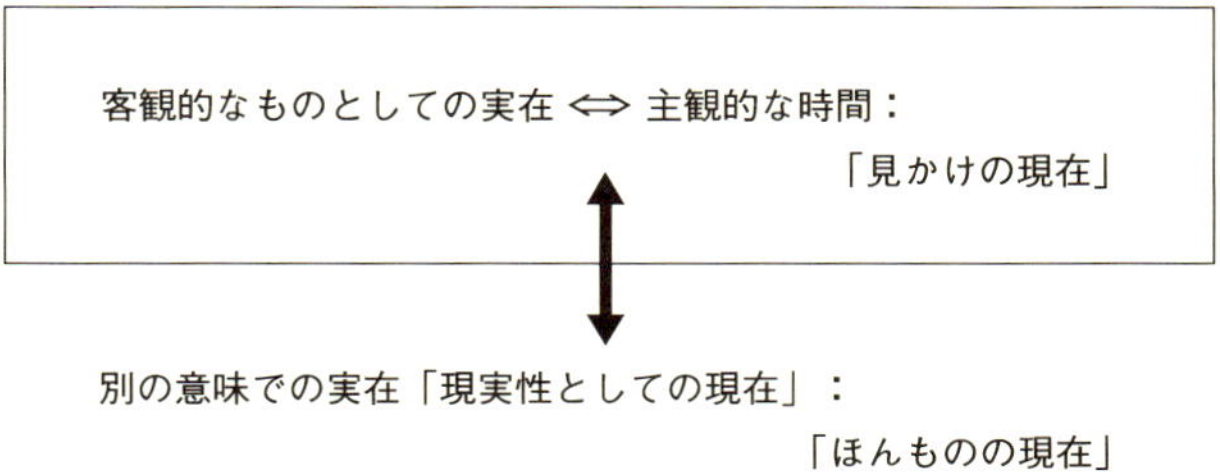

図19

ることの決してない何かであるとか……、そのようなことが、「時間の非実在性」の意味として取り出されなくてはならない。

しかし、マクタガートは、そのようなところまで語ってはくれない。むしろ、マクタガートの語る「実在」の意味は、（少なくとも「論文」の中では）限定され矮小化されていく傾向さえ感じられる。「論文」の最後の方が、主観的体験の時間の話で終わっているせいであろうか。

全体としての実在

主著『存在の本性』の中には、「全体としての実在」とでも呼べるような(3)の意味での「実在」観も読み取ることができる。『存在の本性』の冒頭から引用しよう。

1. この本で私が考察しようとするのは、存在（exist）するあらゆるものに帰属する特徴、言い換えれば、全体としての存在（Existence）に帰属する特徴について、何が確定しうるのかという問題である。（……）

存在しているものとは、実在的（real）なものの中の一種類であるように思える。存在するものはすべて、実在的（real）でなければならないことは、一般に認められており、また一方で、存在するという仕方以外の実在（reality）もあるのだということも、同様に主張されている。（……）
2.実在（reality）は、定義不可能である。「何であるにしても（あると言えるものごとは）すべて、実在的（real）である」という命題は、真ではあるが、実在（reality）を定義したり、別の仕方で規定するのには役に立たない。なぜならば、「何であるにしても（whatever is）」の中の「が／である（is）」の部分が、ある（being）を含んでおり、が／である（being）とは、実在（reality）と同じことだからである。しかし、その命題は、同語反復的ではあるが、無用というわけではない。というのも、実在（reality）について、その広い外延を表してくれるからである。

（『存在の本性』Vol. 1, Book I, Ch. I 冒頭より）

この引用から、「実在」とは、「……がある」「……である」の両方（英語では being や is で表している）を含んだ全体であって、その部分集合として、「存在」（「……がある」に相当、英語では existence や exist で表している）が、「実在」の内に位置づけられていることが分かる。第三章の一一三〜一一七頁で解説した、実在（reality）と存在（existence）の比較も、この基本路線上にあったことを、思い出しておこう。

このように、「実在」には、「全体」「完全なるもの」という意味も含まれている。「全体としての実在」というこの考え方は、「客観的なものとしての実在」という考え方と、必ずしも調和するとは限らない。なぜならば、実在(reality)＝Being 全体は、主観的なものも客観的なものも、すべてを含んでこそ「全体」となりうるのだし、主観的なものと客観的なもの両方を合わせてこそ、「完全なるもの」のはずだからである。つまり、「実在的(real)である」ことと「客観的である」こととは、イコールではない。あるいは、「主観的である」ということは、必ずしも「実在的(real)ではない」ことを意味しない。

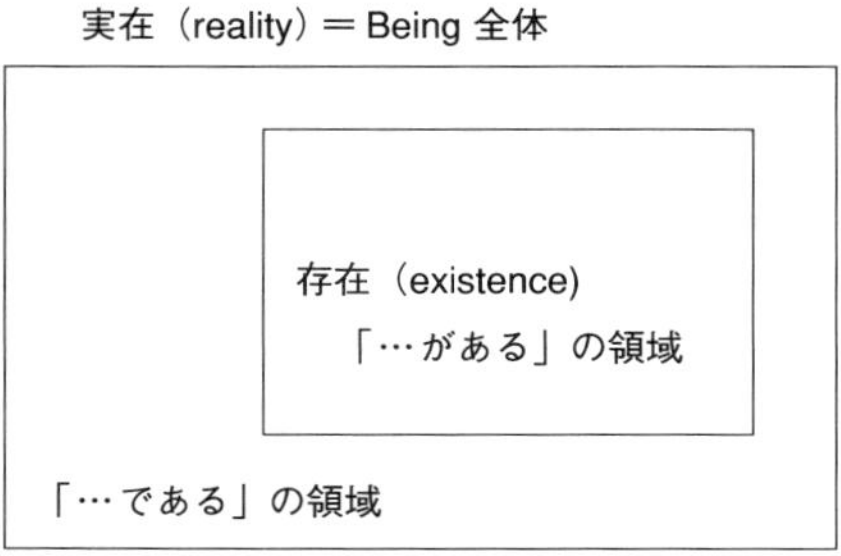

図20

したがって、「全体としての実在」を考慮に入れるならば、「時間は非実在的である」という結論は、「時間は主観的なものであって、客観的には実在しない」以上のことを表していなければならない。たとえば、(主観的なものであれ客観的なものであれ)時間は、そもそも「全体としての実在」の中のどこにも位置づけることができないという意味で「非実在的」である。あるいは時間は、「完全なるもの」さえも、その中に取り込むことのできない何かである。そのような含意まで伴っていなければ、「時間の非実在性」の主張は、不十分であろう。

ここまで、複数の「実在」の意味を腑分けすることを通して、マクタガートは「実在」の意味をどのように考えるべきであったか、あるいはどのように考えることができたはずか、を検討した。マクタガートは、「実在」「非実在」の意味を、時間の問題に即した形で十分に展開しているとは言いがたい。そのような診断が下せる。

その不十分さは、無時間的な永遠の相の下で「実在」を捉えるという「構え」が、始めから根深い形でマクタガートにはあることと結びついているだろう。その「構え」こそが証明を主導するのであって、「構え」が証明されるのではない。マクタガートにとっては、「実在は無時間的で永遠的なものである」ことは、証明されることである以前に、彼の哲学の要《かなめ》（形而上学）として働いてしまっているのである。

「未来」について

「実在／非実在」の意味を十分に展開するという観点から、ブロードの「未来」観とマクタガートによる反論（第三章「反論の検討(2)――「未来」についての議論」一四一～一四七頁参照）をふり返ってみよう。

ブロードは、未来を「まったくの無」として捉えて、「存在量の増加」としての過去／「その先端」としての現在と対比させる。ブロードによれば、過去・現在は実在するが、未来は実在しない。

マクタガートによるブロード批判は、(意外にも?)「未来の非実在性については正しいが、過去・現在の実在性については誤りである」というものではなかった。「時間の非実在性」を主張しようとするマクタガートなのだから、「未来の非実在性」については、ブロードに賛意を示してもよさそうなのに、そうではなかった。その理由は、「実在／非実在」の意味が、両者のあいだで一致していないことにある。

マクタガートの考える「実在」には、「変化」がいっさい含まれていない。「実在」は、全体が一挙に永遠の秩序として成立しているような何ものかである。一方、「過去・現在・未来」というセットは、まさに「変化」を構成する基本のアイテムである。「変化」とは、未来だったことが現在へと到来し、それが過去へと過ぎてゆくこと(あるいは、過去から未来へと向けて現在というポジションが移動していくこと)に他ならなかった。したがって、「未来→現在→過去」という変化は、「永遠なる実在」の領域からは、まるごと排除される。マクタガートにとって「未来」が実在しないのは、それが「まったくの無」だからではない。それどころか、マクタガートは、「未来」を「まったくの無」だと考えてはいない。むしろ、「未来の出来事が、現在へと到来する」と考えるし、確定している「未来」の存在を考えるのだから、「未来」は（実在ではないにしろ）ある意味では在ると、マクタガートは考えていることになる。マクタガートにとって「未来」が実在しないのは、「まったくの無」だからではなく、「未来」が「変化」を構成する一要因だからなのである。

ブロードの「変化」についての考え方は、マクタガートとは異なっている。ブロードは、「生成（becoming）」としての変化を、もっとも根本的な変化として考える。「生成」とは、まったくの無から新たなものが誕生するという変化である。それは、ものの性質の変化とも違うし、出来事が現前することを止めて過去へと遠ざかっていくという変化とも違う第三の変化である。第二の変化が、すでにある出来事の時間的な変化であるのに対して、第三の変化は、新たな出来事が、まったくの無から存在へともたらされる変化なのである。

ブロードの観点からすれば、マクタガートは、第三の変化＝生成（未来・無→現在・有）を第二の変化（現在→過去）と混同してしまっていることになる。すでにあるものについて起こる時間的変化と、無から有への生成変化とは、混同すべきではないし、後者の方が根本的であるというのが、ブロードの考えである。この考え方に基づけば、「がある（existence, Sein）」と「である（being so and so, Sosein）」の二つに加えて、さらに「なる（becoming)」もまた、他には還元できない独自の判断を構成する3。

以上の比較から、次のようなことが言える。マクタガートの「未来」は、「永遠なる実在」から端的に排除されるという仕方で、非実在的である。それに対して、ブロードの「未来」の非実在性は、「(過去と現在を含む)実在」が「実在」になるための、いわば構成要件として、本質的な役割を果たしている。ブロードの場合は、未来が非実在的であることが、積極的な意味を持っている。もちろん、「構成要件」「積極的」とはいっても、未来は「まったくの無」として、そこに存在が生い立つための空なる場を開いているだけであるけれども。マクタガートにおいては、実在と非実在は端的に分離され、ブロードにおいては、実在と非実在はともに「生成」へと参与する。

マクタガートは、自分の図式—「永遠なる実在」と「時間的な変化=非実在」—の中へとブロードの「未来」観を押し込んで、その「無としての未来」を、時間的な変化(未来→現在→過去)の「(非実在的な)一項」にすぎないものとして、格下げしようとしていた。しかし、その処理の仕方は、適切ではない。というのも、両者の対立は、一方の図式が他方の図式を包み込むことによって解決する種類のものではないからである。ブロードの「まったくの無としての未来」は、マクタガートの枠組みには収まりきれない重要性を持つ。両者の差異は、マクタガートが考えた以上に根本的なものであり、両者の断絶は、実在／非実在そして変化を考えていくためにむしろ生かすべきなのであって、埋めて消してしまうべきものではない。「未来」は、ある意味では「有」であるが、しかしまた「まったくの無」でもあるというこの二重性こそが、重要であろう[4]。

II　A系列が矛盾することは、ほんとうに証明されたのか？

マクタガートの議論の中で、もっとも批判と擁護が集中するのが、A系列が矛盾を含むことを証明する箇所である。A系列の矛盾の証明が成功していないとすれば、マクタガートの議論の核心部分は崩壊するし、A系列の矛盾の証明が成功しているとすれば、時間についての常識的な思考は麻痺してしまう。これから、「矛盾」は証明されてはいないと考える反マクタガート的な方向と、やはり「矛盾」は見いだせると考える親マクタガート的な方向の、両方向から考えていくことにしよう。

矛盾と循環・無限後退

「反論の検討(1)――『時間』を究極的とみなす議論」（一四〇～一四一頁）で見たように、マクタガートは、次のような議論を退けていた。それは、「無限にA系列が導入され続けるという事態（循環や無限後退）は、時間が他の何かによっては説明することのできない『究極的なもの』であることを示しているのであって、時間の非実在性を示しているのではない」という議論である。この議論をマクタガートが退けた理由は、「A系列の矛盾を避けようとして、循環や無限後退が起こり、始めの矛盾は、無限に導入され続ける新たなA系列へと受け継がれていく。それゆえ（矛盾ゆえに）、時間の非実在性が示されている」というものであった。つまり、マクタガートにとっては、循環や無限後退の中で残り続ける矛盾こそが問題であるのに対して、反マクタガート側は、循環や無限後退を、矛盾からは切り離して扱えると考えている。果たして、どちらが正しいのだろうか？

マクタガート自身は、「A系列には矛盾がある」ということを出発点とする。そして、その矛盾を避けようとしても、さらに別のA系列を使う事態に陥ってしまい、その「別のA系列」のところに再び矛盾が戻ってくる、という順序で考えている。一方、反マクタガート側は、A系列の時間の究極性を出発点とする。そこには矛盾はない。しかし、その究極性ゆえに、A系列を説明しようとすると、A系列を何度も繰り返し導入するしかない。マクタガートは「悪循環」を、反マクタガート側は、無害な「循環」を想定している。

マクタガートは、反マクタガート側を退けたつもりでいるが、それは正当だろうか？あるいは、マクタガートの方が誤っていて、ほんとうは反マクタガート側が正しいのだろうか？

時間的な排他性

しかしながら、マクタガートによる「矛盾」の記述を厳密に追うならば、事態はもう少しこみ入っていることが分かる。第三章で解説したように、「矛盾」は次のようにして導入されていた。

1.出来事は「過去である」「現在である」「未来である」の三つのA特性をすべて持たなくてはならない。

2.「過去である」「現在である」「未来である」の三つのA特性は、変化を表すためには、互いに排他的でなければならない。

ゆえに

3.A特性が出来事に適用されるならば、その出来事は、互いに排他的な三つの特性をすべて持たなくてはならない。これは、矛盾である。

注目して欲しいのは、2の傍点箇所である。「過去である」「現在である」「未来である」の三つのA特性が互いに排他的である理由が、述べられている。三つのA特性が互いに排他的であるのは、それが「変化」を表すためなのである。

ということは、次のように考えてはいけなかったということである。三つのA特性が互いに排他的であることは、「赤色である」「青色である」「黄色である」が互いに排他的であることと同様であるなどと、考えてはいけなかった。「色」には限らない。たとえば、「犬である」「猫である」「猿である」という特徴づけも互いに排他的である（「犬である」ということは、他の二つではないということである）が、これを三つのA特性が互いに排他的であることと、同様であると見なしてはならない。第三章では、話を分かりやすくするために、「色」の場合と同様であるかのように語ったが、それは正確には正しくなかったのである。なぜか？

色にしても、動物にしても、それらが互いに排他的な特性であることは、単に分類上そうなのであって、「変化」とは関係がない。それらは、概念的あるいは論理的な理由によって、互いに排他的なのである。一方、三つのA特性が互いに排他的であるのは、「過去」「現在」「未来」が単に別のカテゴリーであるからではなくて、それが「変化」を表すためなのである。

もちろん、この「変化」とは、状態変化のことではなく、時間特有の変化のことである。つまり、「未来のことが現在へと到来し、現在のことは過去へと過ぎ去っていく」という変化である。その変化を成り立たせるためにこそ、三つのA特性は互いに排他的でなければならない。A特性どうしが両立的だとすると、「未来のことは現在のことであり、現在のことは過去のことである」となってしまい、そこには時間的な移行が生まれない。A特性どうしが排他的であってこそ、「未来のことも現在のことになり、現在のことも過去のことになる」という時間的な移行（「なる」）が発生する。いやおうなく未来が現在によって押し出され、その現在も過去によって取って代わられてしまうというような、A特性相互の排斥性があってこそ、時間特有の変化を表すことができる。そのような「時間特有の動き」に伴う「時間的な排他性」こそが、「矛盾」を構成する一要素であると、2は告げていたのである。

もう一つの循環・無限後退

マクタガートの説明を厳密に捉えることで、排他性が「概念的・論理的な排他性」ではなく、「時間的な排他性」であることが分かった。すなわち、A系列の「矛盾」とは、「三つのA特性は、時間的に排他的であるにもかかわらず、出来事はその三つをすべて持たなくてはならないということ」である。

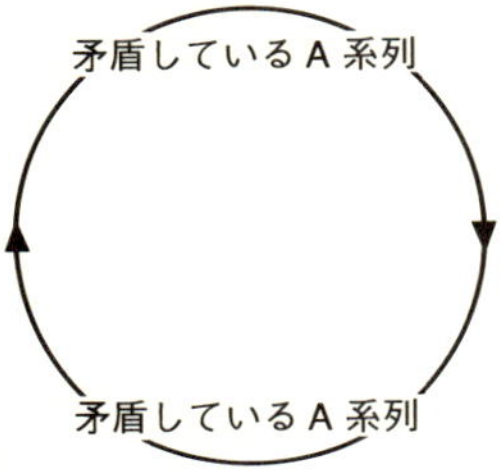

図21

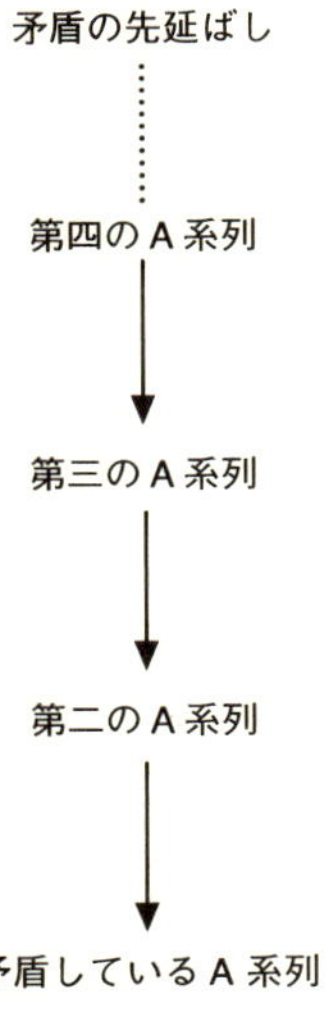

図22

だとすると、マクタガートは、(想定反論者がやるように「矛盾を回避するために」ではなくて)、むしろ「矛盾を立ち上げるために」こそ、循環ないし無限後退を持ち込んでいることになる。説明しよう。

矛盾は、「出来事は、両立不可能な三つのA特性を、すべて持たなくてはならない」(＝両立不可能かつ両立可能でなくてはならない)ということにあり、「三つのA特性が両立不可能(相互排他的)である」のは「時間的な変化」ゆえのことであって、その「時間的な変化」は、A系列によってのみ捉えることができた。このようにして、A系列の矛盾を述べるためには、A系列(における変化)を使わなくてはならない。

ということは、すでに矛盾しているA系列（における変化）を使って、A系列の矛盾を述べているのか（図21）、とりあえず矛盾していない別の第二のA系列を使って、第一のA系列の矛盾を述べているのか（図22）のどちらかであることになる。前者ならば、矛盾しているA系列によって、矛盾しているA系列のことを述べるという循環になるし、後者ならば、とりあえず矛盾していないA系列が、第二・第三・第四……のA系列として無限に後退することによって（矛盾が先延ばしにされることによって）、第一・第二・第三……のA系列の矛盾を述べるということになる。

この考察から、循環や無限後退は、反マクタガート側だけが陥ってしまう窮地なのではないということが分かる。マクタガート自身もまた、ほとんど同型の事態を抱え込んでいる。

しかも、この点を考慮に入れたうえで、マクタガートと反マクタガート側とを比較対照し直すならば、両者は単に対立関係にあるだけではないことも見て取れる。別の言い方をすれば、両者はともに、「矛盾する」あるいは「矛盾しない」という出発点を、根拠なく独断的に設定することによって対立するだけで、実は、同じ「循環や無限後退」の中に入り込んで、互いにつながっているのである。

もう一度、図21を見てみよう。

図21は、マクタガートが、「矛盾する」ことを根拠なく独断的に導入するしかないことを表している。とにかくまず、A系列は矛盾しているのである。なぜ矛盾しているのかを説明しようとしても、その説明を与える側がまた、とにかくまず矛盾しているのである。これは、「A系列は矛盾している」とただ単に断言しているのに等しい。

しかし、マクタガートは、この無根拠性・独断性を巧妙に隠してしまう。相手（反マクタガート）側へと問題を転化してしまうことによって、自らの無根拠性・独断性から目をそらしてしまうというやり方によって、それを行う。

マクタガートは言う。反マクタガート側は、どんなに矛盾を取り除こうとがんばっても、その試みは循環や無限後退に陥ってしまい、どこまで行っても矛盾から逃げることはできない。矛盾から逃げきることができないのは、やはりA系列の矛盾が根の深いものだからだ……と。

実は、根が深いから逃げきれないのではなく、逃げる必要（根拠）がないのに逃げようとする（正確にはマクタガートがそうさせる）から、逃げきることがありえないだけなのだ。にもかかわらず、それが逆転してしまって、逃げきれないことが、矛盾（の根の深さ）の証拠のように働いてしまう（正確にはマクタガートがそう思わせる）。マクタガートは、「A系列は矛盾している」ことを、巧妙に持ち込んでいるだけであって、証明できてはいないのである。しかも、反マクタガート側をそこへと追い込む「循環や無限後退」は、図21と図22をみれば分かるように、そもそもマクタガート自身のものでもあるのだ。

しかし、だからといって（あるいはだからこそと言うべきか）、反マクタガート側が「A系列は矛盾していない」ということを証明できるわけでもない。せいぜいできるのは、根拠なく独断的に、「とにかくA系列は矛盾していないのだ」と断言するか、A系列を何度使ってみても、とりあえずまだ矛盾に遭遇していないことを、そのつど示すことくらいである。「とりあえずまだ矛盾に遭遇していないこと」は、図22のような「矛盾への逢着を先延ばしすること」と紙一重の差である。局所的には「矛盾に遭遇しない」ことと、全体としては「矛盾に逢着してしまう」こととが、（それこそ矛盾なく）同居していてもおかしくない。それは、図23のようにイメージできるだろう。

結局、マクタガートと反マクタガート側とは、循環の中でつながっている。マクタガートは、「矛盾はない」とする反論を論駁するために、相手を「循環や無限後退」という窮地に追い込むという方法を取っていたが、そのマクタガート自身も、「矛盾がある」ことを述べ立てるために、同様の「循環や無限後退」を使わざるをえない。そして、反マクタガート側も、「矛盾には遭遇しない」ことを示し続けるために、同様の「循環や無限後退」の中へ入り込んで、それを利用せざるをえない。

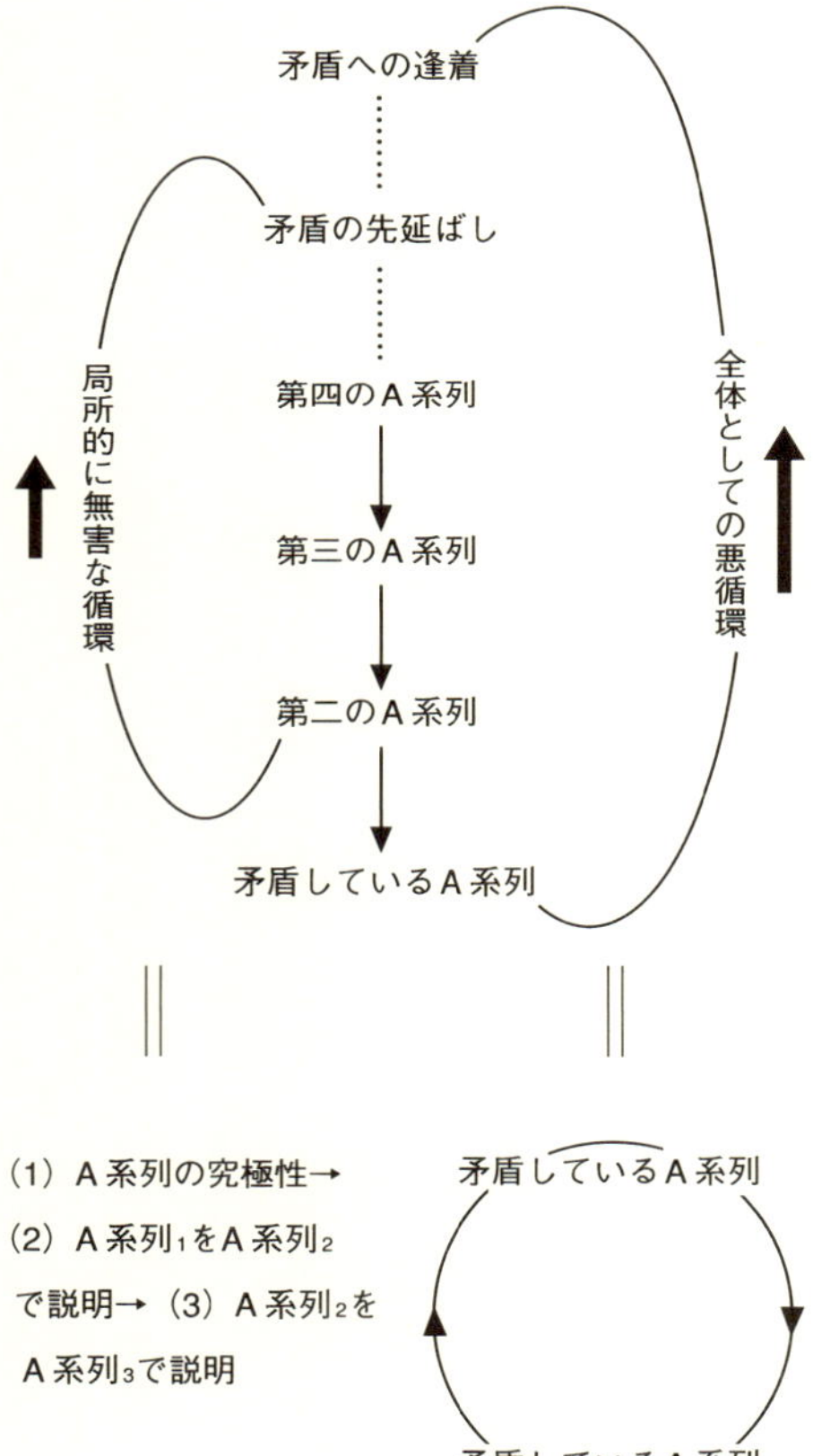

図23

マクタガートと反マクタガートの両者を取り込んだ、いわば「大きな循環（無限後退）」が働いているのである。その「大きな循環（無限後退）」中では、「矛盾がある」ことと「矛盾はない」こととは、どちらかに決定することなどできない仕方で、（全体と局所で）反転しつつ働いている。それでも、全体が先か局所が先か（どちらが優先権を持つか）を決めようとすると、こんどは根拠なく独断的に、「始めに矛盾ありき」「どこまでも矛盾なし」と言わざるをえなくなってしまう。

したがって、「マクタガートは、反マクタガート側を退けたつもりでいるが、それは正当だろうか？　あるいは、マクタガートの方が誤っていて、ほんとうは反マクタガート側が正しいのだろうか？」という問いには、こう答えざるをえない。どちらが正しくどちらが誤っているかは、決定できない。すなわち、「A系列には矛盾がある」ことが証明できたわけでも、「A系列には矛盾がない」ことが証明できたわけでもない。この段階では、マクタガート（矛盾ありの立場）と反マクタガート側（矛盾なしの立場）との対立は、「引き分け」「勝負なし」であると考えるべきである。

A系列論者とB系列論者

これまでのところ、「マクタガートによる矛盾の証明は成功していないが、失敗してもいない」ということが示された。次は、もっと積極的な見解、すなわち「マクタガートによる矛盾の証明は失敗している」という批判と、「マクタガートによる矛盾の証明は成功している」という擁護について、考えてみたい。その検討は、マクタガートという同一の根から、相対立する二つの方向が生まれてくるという図式を浮かび上がらせるだろう。それは、A系列論者とB系列論者という対立図式である[5]。マクタガートの立場を真ん中にはさんで、次のような二つの対立する見解が、マクタガートの枠組みから発生する。

A系列論者：「A系列は矛盾を含む」という証明は失敗しており、
A系列を本質とする時間は実在する。

↕

マクタガート：A系列は矛盾を含むので、A系列を本質とする時間は実在しない。

↕

B系列論者：「A系列は矛盾を含む」という証明は成功しているが、
時間はA系列を本質とはせず、B系列的な時間が実在する。

A系列論者もB系列論者も、どちらもマクタガートの証明に半分同意し、半分異議をとなえている。ただし、同意する箇所・反論する箇所が、互いに正反対であるけれども。また、(違った仕方でではあるが)両者とも「時間は実在する」と考える点で、マクタガートの結論に反対である。

A系列論者は、A系列が矛盾するという証明には反対するが、A系列が時間にとって本質的であることには同意する。一方、B系列論者は、A系列が矛盾するという証明には賛成するが、A系列が時間にとって本質的であることに反対する。そして、A系列論者は、A系列的な時間が実在することを主張するのに対し、B系列論者は、A系列を本質としないB系列的な時間こそが実在すると主張する。（マクタガートを含めた）この三者の「三つどもえ」という図式を念頭に置きながら、マクタガートの議論を検討してみることにしたい。

時制（テンス）の消去を批判する——A系列論者

マクタガートは、仮想敵（A系列は矛盾しないと反論する者）を無限後退へと追い込む議論の中で、次のような「書き換え」を行っていた。IIからIIIへの言い換えに注目しよう。

I　マクタガートによる矛盾の導入
出来事Mは、「未来である」「現在である」「過去である」という三つの特性をすべて持つ。
⇩
II　仮想敵による反論（「同時に」ではないから矛盾しない）

①出来事Mは、(今は) 未来であり、(これから) 現在となり、過去となる。
②出来事Mは、(かつては) 未来だったが、(今は) 現在であり、(これから) 過去となる。
③出来事Mは、(かつては) 未来だったし、現在だったが、(今は) 過去である。

⇩

III　マクタガートによるIIの表現の言い換え
①出来事Mは、現在の時点では、未来であり、
　未来の時点では、現在であり、
　もっと未来の時点では、過去である。
②出来事Mは、過去の時点では、未来であり、
　現在の時点では、現在であり、
　未来の時点では、過去である。
③出来事Mは、もっと過去の時点では、未来であり、
　過去の時点では、現在であり、
　現在の時点では、過去である。

この中から代表として、IIの②からIIIの②への言い換えを選んで、A系列論者による批

判を説明しよう。

II
②出来事Mは、（かつては）未来だったが、（今は）現在であり、（これから）過去となる。

III ⇦
②出来事Mは、過去の時点では、未来であり、
現在の時点では、現在であり、
未来の時点では、過去である。

マクタガートによるこの言い換えは不当である、とA系列論者は批判する。マクタガートは、この言い換えをあたかも正当であるかのように行った後に、あの無限後退に陥るという議論へと進んでいく。しかし、そもそも無限後退の議論に入る前の段階の、IIの②からIIIの②への言い換え自体が誤っているのだ。A系列論者はそのように批判する。この言い換えのどこが間違っているというのだろうか？

ひとことで言えば、IIの②は時制（テンス）を含んだ表現であるのに対して、IIIの②は

時制が抜き取られた無時制（テンスレス）の表現であるから、IIの②とIIIの②は同等ではない。したがって、この言い換えは成り立たない。これが、A系列論者の言い分である。もう少し説明しよう。

IIの②に含まれる「時制（テンス）表現」とは、「……だった（has been…）」「……であり（is…）」「……になる（will be…）」のことである。一方、IIIの②では、これらの時制（テンス）表現は、たしかに使われていない。そのかわりに「（過去・現在・未来の）時点」が導入されて、もとの時制（テンス）表現はすべて、共通の「であり／である（is）」に置き換えられてしまっている。

IIIの②の「であり／である（is）」の使い方は、無時間的な用法であって、「現在」の状態を表す時制（テンス）表現ではなくなっていることに注意すべきである。IIIの②の「であり／である（is）」と、IIの②で使われている「であり（is）」との違いは、ちょうど、Three times three *is* (*are*) nine.（3×3＝9である）：無時間的な用法のbe動詞と、It *is* colder than it was yesterday.（昨日より今日は寒い）：「現在」の状態を表すbe動詞との違いに相当する。

IIの②では、A系列的な時間が、時制（テンス）によって表現されていた。しかし、IIIの②においては、無時制（テンスレス）表現が使われることによって、A系列的な時間（変化）が消えてしまっている。そのせいで、IIIの②では、出来事が、三つの特性（過去・現在・未来）を無時間的に持つかのような様相を呈している。

IIIの②が無時間的にならないためには、あらかじめ時制化されていなければならない。つまり、無時制的な「であり／である（is）」ではなくて、時制化された「だった（has been）」「であり（is）」「になる（will be）」が使用されなければならない。次のように。

②出来事Mは、過去の時点では、未来だった、
　　　　　　現在の時点では、現在であり、
　　　　　　未来の時点では、過去になる。

A系列的な時制（テンス）は、「書き換え」によって消し去ることなどできない原初的で根源的なものであることを忘れるな、とA系列論者は言う。この点を忘れなければ、マクタガートの言うような矛盾など、そもそも発生しない。「出来事は、両立不可能な三つのA特性を、すべて一挙に持たなければならない」という矛盾など、時制表現「だった（has been）」「であり（is）」「になる（will be）」を不当に消去し、無時間的な「であり／である（is）」で置き換える誤りから発生した仮象にすぎない。無時間的な（神のような？）視点

から見おろして、過去‐現在‐未来を一望の下に収めることができるかのような錯覚が、矛盾を生み出していたのである。

正しくは、三つのA特性は、時間的に排他的で両立不可能なだけであり、出来事がその三つのA特性を「一挙にすべて」「無時間的に」持つことなどありえない。ゆえに、矛盾などそもそも発生していない。矛盾がそもそもないのだから、マクタガートの言うような、悪循環や無限後退を論じる必要もなくなる。これが、A系列論者の基本の主張である。

このA系列論者の主張に基づくならば、(1)A系列は、時間にとって本質的であること、(2)A系列は、矛盾していないこと、したがって、(3)A系列を本質とするような時間は、実在すると考えてよいことが、帰結する。

無時制的（テンスレス）な時間を擁護する――B系列論者

A系列論者とは違って、B系列論者は、IIの②からIIIの②への書き換えを容認する。それは、次のような考え方に基づいている。

A系列論者は、「だった（has been）」「であり（is）」「になる（will be）」という時制を消去できない根本的なものと考え、（マクタガートの書き換えによって奪われていた）時制を、IIIの②の中に復活させた（再時制化した）。しかし、B系列論者は、むしろ無時制的（テンスレス）

な「であり／である（is）」の方が、より根本的であると考える。どのように考えたら、有時制より無時制の方が根本的であることになるのだろうか？

次のように、考えてみよう。たとえ、「だった（has been）」「であり（is）」「になる（will be）」という時制を残したとしても、その三つもまた、無時制的（テンスレス）な「であり／である」の作用域の中へと位置づけられる。次頁の枠囲みの中の［　］内が、その作用域であり、その下の「であり／である」が、無時制的（テンスレス）な作用（把握）を表している。すなわち、時制を持った出来事もまた、このように無時制的な作用の内に包摂されざるをえない。通常は、その無時制的な力は、背景に退いていて透明に働いているが、ここではそれを顕在化させている。

このような無時制的（テンスレス）な「であり／である（is）」の力の優位性を、いっそう強調したのが、次頁の枠囲みの中のφを含んだ表現である。φは、「だった」「であり」「になる」という時制表現が、消去されていることを表す。

これは、マクタガートがIIの②→IIIの②で行っていた書き換えと、まさに同型である。B系列論者の基本の発想は、このような無時制的な「である」の観点に立って、そこから時制を取り去った「時間」を考える点にある。この無時制的な観点を徹底するならば、A系列論者が根本的だと考えた時制は、B系列論者によって、出来事や時点どうしの前後関係（無時制的な時間関係）へと置き換えられることになる。

> ②出来事Mは、［過去の時点では、未来だった］のであり、
> ［現在の時点では、現在であり］なのであり、
> ［未来の時点では、過去になる］のである。
>
> ⇩
>
> ②出来事Mは、過去の時点では、未来φであり、
> 現在の時点では、現在φであり、
> 未来の時点では、過去φである。

時制を持った時間を、無時制的な時間へと翻訳する

どのようにして、「過去・現在・未来」という時制を持った時間（tensed time）を、無時制的な時間（tenseless time）へと翻訳するというのだろうか？「出来事Mは現在である」を無時制化することから、考えてみよう。

B系列論者は、次のように言う。

「出来事Mは現在である」は、「出来事Mと、『出来事Mは現在である』と発話されている・書き記されている・思考されているというもう一つの出来事Nとが、同時である」という意味である（と翻訳できる）。

ポイントは、「現在」という時制が、二つの出来事MとNとの「同時」という関係に置き換えられている点である。出来事Mだけではなくて、その出来事Mについての発話・書記・思考もまた、もう一つの出来事であると捉えるところに、この分析の特徴がある。

この当の文の発話・書記・思考という出来事は、トークン（token）と呼ばれる[6]。つまり、「Xは現在である」とは、Xと「Xは現在である」という文のトークンとのあいだの同時性を表すと考えられている。この分析では、文が表す内容に当の文のトークン自体が効果を及ぼしている。そこで、トークン反射的（token-reflexive）な分析と呼ばれる[7]。

同様に、「出来事Mは過去である」は、「出来事Mは、『出来事Mは過去である』という文のトークンより前である」と翻訳されるし、「出来事Mは未来である」は、「出来事Mは、『出来事Mは未来である』という文のトークンより後である」と翻訳される。こうして、トークンが反射的に効果を及ぼすという考え方を使うことによって、「過去である」

「現在である」「未来である」は、「より前である」「と同時である」「より後である」によって置き換えられる。B系列論者はそう考える。

発話・書記・思考というトークンも世界の中で起こる一つの出来事であって、それ自体、日付を持ち、ある時点へと位置づけられる。したがって、「出来事Mは過去である・現在である・未来である」が表すこととは、結局、出来事Mの日付（時点）と、「出来事Mは過去である・現在である・未来である」という文のトークン自体がもつ日付（時点）とのあいだの、「より前である」「と同時である」「より後である」という関係に還元される。

たとえば、「出来事Mは過去である」と私が考えたとしよう。私のその思考もまた、一つの出来事である。私の思考というトークンの日付（時点）が、二〇〇二年八月十二日の午後一時十分であるとしよう。すると、「出来事Mは過去である」というのは、出来事Mの日付が、二〇〇二年八月十二日の午後一時十分よりも前に位置していることを表す。

出来事どうしのあいだの「より前である」「と同時である」「より後である」という関係（B特性）は、もちろん時制を持たない（その「である」は無時制的である）。こうして、時制を持った時間が、無時制的な時間へと翻訳される。言い換えれば、時制を持った出来事もまた、無時制的な（しかし時間的な）世界の中へと位置づけられる。B系列論者はそう考える。

再び時制（テンス）の消去を批判する――翻訳の失敗

Ｂ系列論者が試みる「時制表現から無時制表現への翻訳」は、成功しているとは思えない。そう考えるのは、Ａ系列論者ばかりではないだろう。そもそも「翻訳」が成功しているためには、時制表現が表すことと無時制表現が表すこととは、「同じ意味」を持っていなければならないが、明らかに両者の「意味」は異なるからである。

まず第一に、「現在である」という時制表現を使った場合には、「現在の現実性」――その表現を発話したり・書き記したり・思考したりすることが、まさに今現実に行われているのだということ――がその使用の中に含まれている。「出来事Ｍは現在である」というのは、「出来事Ｍが、まさに今現実に起こっているという現実性を持っている」ということである。しかし、「出来事Ｍが位置する時点と、トークンという出来事が生じる時点とが、同時である」という無時制表現の中には、その「現実性」が含まれていない。二つの出来事の同時性だけでは、その同時性がまさに今現実に生じている同時性であることまでは表せない。

もちろん、トークンという出来事の中に、「まさに今現実に起こっているトークンなのだ」という仕方で、あらかじめ現実性を注入しておくならば、二つの出来事――出来事Ｍとトークンという出来事―の同時性は、まさに今現実に生じている同時性になる。しかし、そのように「現実性」をあらかじめ注入しておくことは、「トークンが起こっているのは、まさに今現在である」という時制表現を、あらかじめ使ってしまうことである。これでは、時制表現を無時制表現へと翻訳したことにならない。

第二に、時制表現を使った場合には、「かつては未来だった出来事Mが、今は現在である」「今は現在である出来事Mも、やがて過去になる」というように、時間特有の「変化」（未来→現在→過去）が表せる。しかし、無時制表現を使った場合には、出来事Mとトークンという出来事とのあいだの、より前・同時・より後という時間的な位置関係が、三枚のスナップショットのように、それぞれ固定されてあるだけになる。そこには「変化」が含まれていない。

もちろん、「三枚のスナップショット」に「変化」を導入するならば、「かつては『より前という関係』だったが、今は『同時という関係』である」と言えるし、「今は『同時という関係』であるが、やがて『より後という関係』になる」と言える。しかし、そのように「変化」を導入することは、時制表現を使うことに他ならない。これでは、時制表現を無時制表現へと翻訳したことにならない。

第三に、B系列論者の試みる「翻訳」では、ある文のトークン―その文の発話や書記や思考―という出来事が、本質的な役割を果たしている。しかし、「出来事Mは、現在である」という時制表現の場合には、その文のトークンという出来事は、積極的に関与していないように思われる。

むしろ「出来事Mは、現在である」は、次のことを表すのでなければならない。すなわち、たとえこの文のトークンを私が発話したり・書き記したり・思考したりしなかったとしても、つまり、ことさら「現在である」と意識されなかったとしても、出来事Mには「現在性・現実性」があるのだということ。これを表すのでなければならない。「出来事Mは、現在である」という時制表現にとっては、その文のトークンが発生すること自体は、本質的なことではないのでなくてはならない。トークンという出来事があろうとなかろうと、現在は現在なのだ。いわば、「現在性・現実性」は、発話者・書記者・思考者からは独立して、世界の側に宿るように見える。「時制表現から無時制表現への翻訳」は、「現在性・現実性」がトークンからの独立性を帯びているという点を、うまく捉えられない。

以上のような理由により、B系列論者が試みた「時制表現から無時制表現への翻訳」「時制を持った時間を無時制的な時間に還元すること」は、失敗していると診断できる。

バージョンアップしたB系列論者

たしかに、B系列論者が試みる「翻訳」「還元」は、失敗している。時制表現は、消去してしまうことなどできないことが分かった。しかし、これでB系列論者が引き下がってしまうわけではない。

B系列論者も、文字通りの「翻訳」「還元」が成功しないことは認める。しかし、「翻訳」「還元」に失敗していることは、必ずしもA系列論者の側の成功を意味するわけではない。時制表現は消去できないとしても、そのことは、B系列論者が言いたいことに、実は影響を与えないのだ、と再び反撃する。それは、どういうことだろうか?

バージョンアップしたB系列論者は言う。重要なのは、「翻訳」「還元」ではなかったのだ。たしかに、時制表現と無時制表現とでは、「意味」は異なっているだろう。違う表現を使っているのだから、当たり前である。しかし、問題は「意味が違う」ということではない。対応する時制表現と無時制表現とは、たとえ「意味」は違っていても、「同じこと」―世界の側で起こる一つのこと―を共通に指し示している。そのことが、重要なのだ。

たとえば、「出来事Mは、現在である」ことと、「出来事Mは時点t_1に位置し、その文のトークンも時点t_1に位置し、二つの出来事は同時である」ことは、たしかに「同じ意味」ではない。しかし、それにもかかわらず、実際にそのトークンがt_1で生じるならば、結果的には世界の側で起こる「同じ事態」を表す。ポイントは、言語表現の側（それを使うわれわれの側）と、世界の側との区別である。

バージョンアップしたB系列論者は、次のように続ける。「時制表現では表すことができるが、無時制表現では表すことができない」とA系列論者が批判した二点―特権的な現在性と独特の変化―は、どちらも世界の側に属する実在的な特徴ではなく、言語表現の側（それを使うわれわれの側）に属する事実や語り方の問題にすぎない。

世界の側に属する実在的な時間（B系列の時間）には特別な時点などなく、どの時点も平等である。ゆえに「まさに今現実に」という特権性は、世界の側の特徴ではなくて、われわれの側がどの時点にいるのか、われわれはどの時点で発話し・書記し・思考しているのかという問題（たまたまの事実の問題）にすぎない。また、時間特有の変化と言われる「未来↓現在↓過去」も、われわれの言語や認識がそのような独特の語り方・認識の仕方を持っているということなのであって、それは世界の側で起こっている変化ではない。もちろ

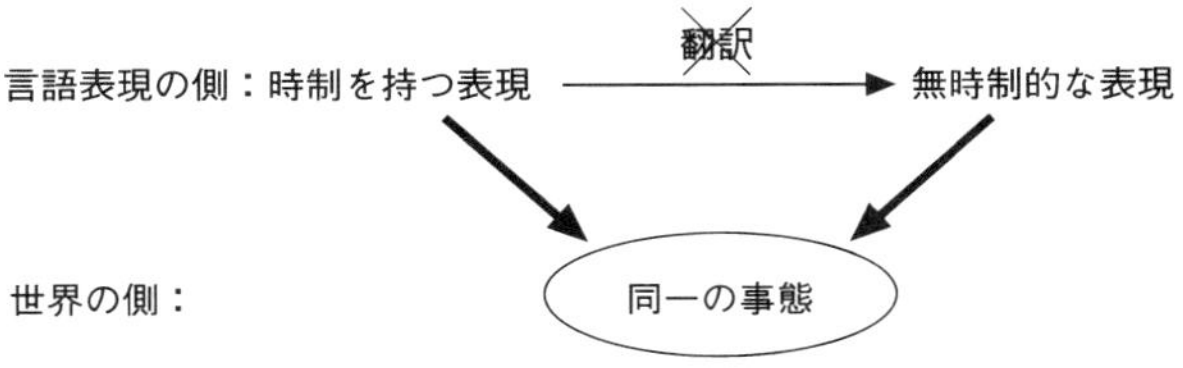

図24

ん、世界の側にも「変化」は存在するが、その変化とは、「ある時点でPという状態であり、別の時点でQという状態である」という状態変化—異なる状態の継起—で十分なのであって、それ以上の「時間特有の変化」など、世界の側には存在しない。

さらに、第三点について、バージョンアップしたB系列論者は、次のように反論する。「現在性・現実性」は、われわれの側の発話・書記・思考などのトークンから独立ではありえない。もし、誰による発話も書記も思考もまったく生じていないという想定をするならば、その場合には「現在」という特異点など存在しなくなる。もちろん、発話も書記も思考もまったく生じていないとしても、「現在」という特異点がないだけであって、すべての時点は平等に存在する（無時制的なB系列の時間は存在する）。A系列論者は、言語表現の側（それを使うわれわれの側）に属することを、世界の側に投影するという誤りを犯しているのだ。

バージョンアップしたB系列論者は、さらに続けて言うだろう。言語表現の側（それを使うわれわれの側）に属する特徴—特異点としての現在や未来→現在→過去という変化—を、誤って世界の側に投影してしまう場合にこそ、「矛盾」が発生するのである。それが、マクタガートが証明したことに他ならないと。つまり、A系列を実在にあてはまる時間だと考えてしまうと、矛盾に陥る。このことを、マクタガートは、正しく証明した。しかし、B系列の時間こそが、世界の側に属する時間（実在の時間）であることを、マクタガートは正しく捉えることができなかった。

A系列論者とB系列論者の対立

A系列論者とB系列論者の対立が、このバージョンアップした段階にまで進むならば、両者のあいだの深い亀裂があらわになってくる。

B系列論者は、「世界の側は、無時制的なB系列の時間の中にあるだけである。それ以外の時間様相（過去－現在－未来あるいは特有の変化）は、世界の側が持っている実在的な特徴ではなく、われわれの側の言語表現や認識様式によって加えられているものにすぎない」と考える。

一方、A系列論者は、「過去－現在－未来あるいは特有の変化という時間様相は、まさに世界の側が持っている実在的な特徴である。たとえ、われわれの側がそれを表現したり認識したりしなくとも、世界の側自体が、時制的なA系列の時間の中にある」と考える。

両者の対立の根っこは、「かつては未来で<u>あった</u>ことが、今は現在で<u>あり</u>、やがて過去に<u>なる</u>」という「（時間特有の）変化」が、はたしてわれわれの側を超えて、世界の側に属している実在的なものなのかどうか、という点にある。この対立は、経験による検証や論理による証明によって、決着がつくものではないだろうし、概念・用語の使い方を整理することによって、解消するものでもないだろう。むしろ、経験や論理や用語の使い方よりもずっと深いところにあって、それらを無意識的に支配しているような対立、「形而上学的な対立」とでも呼ぶべきものなのである。

このような深い亀裂―形而上学的な対立―が、マクタガートによる証明の中には組み込まれている。その点を押さえたうえで、「矛盾」の証明をもう一度ふり返ってみよう。

矛盾を捉え直す

マクタガートが「A系列は矛盾している」と考えるときのポイントは、次の二点であった。この二つのポイントを合体させることによって、「出来事は、両立不可能な三つのA特性をすべて持つ」（両立不可能なものの両立）という矛盾が、発生するのであった。

1.出来事は「過去である」「現在である」「未来である」の三つのA特性をすべて持たなくてはならない。

2.「過去である」「現在である」「未来である」の三つのA特性は、変化を表すためには、互いに排他的でなければならない。

1は、無時制的（テンスレス）な観点から記述されている。「無時制的（テンスレス）な観点から」とは、「無時制的（テンスレス）な『であり／である』で括られる作用域の中において」と言い換えてもよい。その観点は、われわれの認識や言語表現の側を超えて、世界の側で起こっていることへと視線を向ける態度でもあった。

その観点から言えば、A特性の表現はどれも、出来事どうしの（＝トークンと出来事との）前・同時・後という世界の側で成立する関係を、（結果的に）表している。たとえ、A特性の表現が、「出来事Eは、今は過去である／かつては現在だった／さらにかつては未来だった」のように複合的になっても、それに対応する出来事どうしのある関係が、世界の側で成立していることに変わりはない。そして、出来事どうしのその「前・同時・後」関係は、永続的なものである。その変わらない関係を捉える観点が、無時制的（テンスレス）な観点である。

そのような観点から、「……であった（has been）」「……である（is）」「……になる（will be）」という時制表現が表すことを捉え直した場合に、「……は過去である」「……は現在である」「……は未来である」という「半時制的／半無時制的」な表現（正確には、無時制的な表現が時制的な表現を包み込んだもの）が立ち上がる。この三つの表現は、無時制的（テンスレス）な観点を経由しているのだから――無時制的〔テンスレス〕な「であり／である」の作用域に入っているのだから――、「過去」「現在」「未来」の三つがすべて両立するものとして扱われることは、別に不思議なことではない。それは、「鎌倉幕府の成立は室町幕府の成立より前である」「室町幕府の成立は江戸幕府の成立より前である」「江戸幕府の成立は明治政府の成立より前である」ことが、すべて両立することと大差がない（とみなされる）。

こうして、時制的な表現を無時制的な観点の中へと包み込むならば、1は容認せざるをえない。

一方、2は、時制（テンス）を持つ観点から、記述されている。正確に言えば、無時制的な観点によって包み込まれない時制的な観点から、記述されている。あるいは、けっしてその外に立つことができないような時制的な観点から、2は読まれなくてはならない。説明をつけ加えよう。

2は、三つのA特性が互いに排他的（両立不可能）であることを主張している。しかも、その排他性（両立不可能性）は、「（時間特有の）変化」にこそ由来する。そして、「（時間特有の）変化」は、A特性によってしか表現できないものである。だから逆に、もしA特性が持つ力を解除してしまうと（すなわち、時制的な観点の外に立ってしまうと）、たちまち「（時間特有の）変化」は雲散霧消してしまい、「排他性（両立不可能性）」も消えてなくなってしまう。

たとえば、

(a)「かつては未来であったことが、今は現在であり、やがて過去になる」

が表現している「(時間特有の)変化」は、

(b)「(その出来事は)過去から見ると未来であり、現在から見ると現在であり、未来から見ると過去である」

へと書き換えると、蒸発してしまう。(a)は時制の内側から語られているが、(b)は時制の外に立った視点から語られている。(a)は無時制的な観点の下にはないのに対して、(b)では無時制的な「であり/である」が働いている。

2で言われている「排反性(両立不可能性)」は、(a)のような時制的な視点によってのみ、つまりA系列的な時間の内に身を浸すことによってのみ、理解可能となる概念だったのである。このように考察してくると、1と2から発生する矛盾の実相が、分かってくる。すなわち、矛盾は、次のように言い表すことができる。

1. 時制的な観点が、無時制的な観点の内に包み込まれる
かつ
2. 時制的な観点が、無時制的な観点の内に包み込まれてはならない

あるいは、「時制的な観点の外に立ち、かつ時制的な観点の内に留まらなければならない」という矛盾だと言ってもいいだろう。この矛盾はまた、対立する二つの形而上学―A系列論者とB系列論者―のあいだでの、お互いに相手を自らの内に包み込んでしまおうとする争いを表している。

三つの形而上学的な立場

「マクタガートの矛盾の証明は、成功したのか？」という問いは、中立的なただ一つの正解があるような問いではなかったことになる。すなわち、その問いにどう答えるかが、時間や実在についての「形而上学的な立場」―A系列論者かB系列論者か、世界自体は時制的か無時制的か―の選択になってしまうような、そのような問いなのである。

正確に言うと、マクタガートの証明をめぐっては、マクタガート自身の形而上学的な立

場、A系列論者の形而上学的な立場、B系列論者の形而上学的な立場という三つが、互いに絡み合った「三つどもえ」を形成していた。それを解きほぐしておこう。

マクタガート自身の形而上学的な立場は、A系列の本質性や根源性・A系列の矛盾・時間の非実在性などの諸点によって構成されていた。その主張は、「時間にとって本質的なA系列が矛盾を含んでいるので、時間は実在しない」と要約できる。しかし、これまでの検討に基づくならば、マクタガートを、次のように批判することができる。

実は①と②は同時に主張することができない。

①B系列は派生的であるが、A系列は根本的である（A系列の根源性）。

②A系列が矛盾を含むこと（A系列の矛盾）。

その理由を、説明しよう。

A系列の矛盾とは、「三つのA特性は、(a)両立不可能でなければならない、かつ(b)両立可能でなければならない」ということであった。言い換えれば、(a)時制的な視

図25

点の内部に留まることと、(b)時制的な視点の外部に出ること（無時制的な視点に立つこと）との相克であった。ということは、②（A系列の矛盾）を主張するためには、(a)と(b)との両方が不可欠ということである。そして、(a)と(b)のあいだの相克とは、A系列的な観点（時制的な観点）とB系列的な観点（無時制的な観点）のどちらが優位に立つか、あるいはどちらがどちらを包み込むのかという争いに他ならなかった。どちらか一方に決定することができないことが、矛盾の実相であった。

しかし一方、①（A系列の根源性）は、B系列に対するA系列の優位性（B系列はA系列に依存する）を表している。明らかにマクタガートは、A系列（時制的な観点）を優位に置き、そこから派生するものとして、B系列（無時制的な観点）を位置づけていた。ということは、(a)と(b)のあいだの相克に、マクタガートはすでに決着をつけている。これでは、矛盾が発生しなくなってしまうではないか。

矛盾を発生させるためには、A系列（時制的な観点）とB系列（無時制的な観点）のどちらが優位性を持ち、究極的・根源的なものであるかは決定不能でなければならない。したがって、①と②は、実は同時に主張することができないのでなければならない。

もちろん、②（A系列の矛盾）の方を廃棄して、①（A系列の根源性）の方を生かすという道もある。この方向を選択するのが、A系列論者（時制的な時間論者）の形而上学的な立場である。A系列は根源的なもので、時間にとって本質的であり、しかもA系列には矛盾などない、とA系列論者は考える。

しかし、これまでの検討に基づくならば、この立場も「安住の地」ではありえないと思う。次のような疑問が残るからである。

(1)「無時制的な観点によって包み込まれない時制的な観点」あるいは「けっしてその外に立つことができないような時制的な観点」、つまりA系列論者の観点を、究極的なものとして設定することなど、ほんとうに可能なのだろうか。「(時間特有の)変化」の中に単に身を浸しているだけではなく、その「変化」からいったん身を引き離して、とりあえず無時制的な観点に立つことが可能でなければ、そもそも「時制的な観点」は、「一つの観点」として安定的に成立することさえできないのではないか。

(2)「未来→現在→過去」という「(時間特有の)変化」が、われわれの側の事実や語り方を超えて、世界それ自体の側に起こっているということ(A系列的な時間の実在性)の意味が、よく分からない。「(時間特有の)変化」が、世界それ自体の側にあてはまると言うならば、世界それ自体の側が、「未来」や「過去」のように、「ない(まだない・もうない)」のでなければならないだろう。それは、ほとんど世界それ自体が実在しないと言うことに、近いのではないだろうか。あるいは、「(時間特有の)変化」が、世界それ自体の側にあてはまると考えたとたんに、その「変化」の意味が、B系列的なもの（継起的な状態変化）に変質してしまっていないか。結局は、そうやってB系列論者の観点を密輸入しているのではないだろうか。

それでは、B系列論者（無時制的な時間論者）の形而上学的な立場は、どうだろうか。そこにもまた、次のような疑問がわく。

(1)B系列論者が言うように、無時制的な観点が、時制的な観点を包み込むことができる（あるいは、できなくてはならない）としても、それはあくまでとりあえずでしかないのではないか。たとえ、「出来事Mは、過去から見ると未来であり、現在から見ると現在であり、未来から見ると過去である」というように、「であり／である」を使って無時制的な観点をとることができたとしても、その無時制的な判断自体が、やはりもう一度時制を持たざるをえないだろう。つまり、時制的な観点を包み込んだ無時制的な観点も、再び時制的な観点に包み込まれるだろう。

(2)B系列論者は、「A系列的な時間（時制的な時間）が、世界それ自体の側にはあてはまらないものである」という自らの主張を支える根拠として、マクタガートの矛盾の証明を使う。その証明を経由することによって、B系列の時間の実在性を導き出している。ということは、B系列論者の立場のコアの部分に、マクタガートの矛盾の証明が、組み込まれているということである。ならば、もう一度、マクタガートの形而上学的立場が抱え込んでいた困難へと、B系列論者は差し戻されるのではないか。すなわち、矛盾を発生させるためには、A系列（時制的な観点）とB系列（無時制的な観点）のどちらが優位性を持ち、究極的なものであるかは決定不能でなければならなかった。しかし、B系列論者は、すでにB系列の優位性・究極性を選択してしまっている。こうして矛盾が発生しなくなる。矛盾が消えてしまうと、B系列論者の立場（A系列的時間の非実在性とB系列的時間の実在性）は、表現できなくなるのではないか。

以上のように、マクタガート・A系列論者・B系列論者という三つの形而上学的な立場は、相互に絡み合いかつ収束することのない「三つどもえ」を構成する。

私自身は、この三つの形而上学的な立場のどれにも満足できない。この三つどもえの中に入り込むこと自体に、「不自由さ」を感じる。そこで、三つどもえの中にはない「第四の形而上学的な立場」を、私は選択したい。第五章では、その「第四の形而上学的な立場」について素描したいと思う。しかしその前に、マクタガートの証明の出発点—A系列とB系列—に戻って、もう一つ検討しておきたいことがある。

III　A系列とB系列の関係は、ほんとうはどのようなものなのか？

マクタガートの証明は成功していないとしても、証明の中心的な道具立て―A系列とB系列の区別と関係―自体は、無傷のまま残っているように見えるかもしれない。たしかにここまでは、その区別や関係自体には疑問や批判を向けずに、考察を進めてきた。しかし、もうそれではすまない段階にきているように思う。

A系列とB系列の区別と関係

A系列とB系列の区別と関係は、マクタガートの議論の前半の要である。この区別を明晰な仕方で定式化したマクタガートの功績と影響は、きわめて大きい。おそらく、矛盾や非実在性の証明自体よりも、A系列とB系列を定式化したことの方が、地味ではあっても重要性では勝るだろう。

A系列とB系列の区別を設定することは、出発点としては問題はない。しかし、両者がどれほど相互に独立したものであるかを考え始めると、その区別は単純明快なものではなくなってくる。

マクタガート自身は、B系列はA系列に依存するが（A系列＋C系列＝B系列だから）、A系列はB系列から独立である（A系列は根本的・究極的なもので、B系列は派生的なものだから）、と考えている。しかし、その考え方は正しいだろうか。A系列もまた、ある意味でB系列に依存しているのではないだろうか。事柄としてそうなっているというだけでなく、マクタガート自身のある記述が、彼の意図に反して、A系列がB系列に依存する様子を表現していると思われる。

A系列の内なるB系列

まず、次の二つの記述を比べて読んでみよう。前者は、二つの系列の区別を初めて導入する箇所であり、後者は、その区別にA系列・B系列という名前を与える箇所（次節）である。前者と後者の「差」に注目するならば、後者の引用からは、「A系列の規定の中に、すでにB系列の関係が入り込んでいる」ことが読み取れる（マクタガートは意識していなかったのだろうが）。

時間内でのポジションは、まず二つのやり方で区別できるように見える。時間内でのそれぞれのポジションは、他のポジションの中のあるものよりは前であり、またあるものよりは後である。(……)

次に、時間内でのそれぞれのポジションは、過去であるか、現在であるか、未来であるかのいずれかである。前者の種類の区別は永続的で変わらないものだが、後者の区別はそうではない。もし、出来事Mが出来事Nよりも前であるとすれば、MはNよりつねに前である。しかし、ある出来事は、今は現在であっても、かつては未来のことであったし、これから過去のことになるであろう。

(『存在の本性』Vol. 2, Book V, Ch. XXXIII, 305)

簡潔にするために、より遠い過去から近い過去を通って現在に至り、その次に、現在から近い未来を通ってより遠い未来へと及んでいく(あるいは逆に、未来から現在に至り過去へと及んでいく)ポジションの系列に、A系列という名前をつけることにする。一方、より前からより後へと及んでいく(あるいは逆に、より後からより前へと及んでいく)位置の系列を、B系列と呼ぶことにする。(『存在の本性』Vol. 2, BookV, Ch. XXXIII, 306)

前者の記述から分かるように、A系列の最小限の規定は、こうなる。時間内のどのポジションも「過去である」か「現在である」か「未来である」かのいずれかであること、そしてそのポジションが「現在である」とすれば、「かつては未来であった」し「これから過去になる」ということ。この二点である。この最小限の規定の中には、任意の一つのポジションと、その一つのポジションに対して過ぎゆく「過去-現在-未来」しか登場していない。

しかし、したがって、この最小限の規定には、まだB系列の関係は入り込んでいない。そのために、後者の記述は、すでにその「最小限の規定」を超え出てしまっている。ポイントになるのは、A系列の規定の中には、B系列の順序関係や不変性が入り込んでいる。「遠い（far）」「近い（near）」「その次に（and then）」「逆に（conversely）」という表現である。

過去の中に、さらに「遠い過去」と「近い過去」の区別が、未来の中に、さらに「近い未来」と「遠い未来」の区別が導入されている。「遠い／近いという距離の差」を（一つの）過去の中へ導入し、「近い／遠いという距離の差」を（一つの）未来の中へ導入するためには、「より前／より後」の順序を使わざるをえないだろう。つまり、A系列の規定を、「最小限の規定」（任意の一つのポジションに対しての規定）から、「拡張した規定」（複数のポジション間の関係を含んだ規定）へと広げるならば、B系列の順序関係が入ってこざるをえないということである。

同じことは、「その次に（and then）」という表現についても言える。一つの経過・推移だったものが、この表現によって、順番に並ぶ二つの経過・推移へと分割される。過去から現在に至る一番目の経過・推移があり、その次に、現在から未来へ至る二番目の経過・推移がある、というように。ここに、B系列の前後関係が入り込んでいる。

さらに、「逆に（conversely）」という表現は、B系列の順序関係が持つ「固定性」「不変性」をひそかに前提にしていることを表す。「逆に」という表現が使われていることは、動く「今」が過去から未来へ向かって進んでいくという表象と、不動の「今」に対して未来のことが到来し過去へと過ぎていくという表象とが、方向は「逆」でも「同一のこと」なのだ、と考えていることを示している。「同一のこと」を二通りの仕方で表象しているからこそ、「あるいは逆に（or conversely）」とつけ加えることができたのである。では、その逆向きの二つの「動き」にとって不変であるような「同一のこと」とは何か？ それは、固定的で永続的な関係としてのB系列以外ではありえないだろう。ここにも、すでにB系列の関係が入り込んでいる。

単純に「A系列はB系列から独立である」とは言えないことが、分かった。実はA系列の内に、B系列がすでに浸透しているのである[8]。一方、マクタガートが述べたように、B系列はA系列に依存する（B系列の順序が持つ時間性は、A系列によって与えられる）。この二つのこと—A系列の内にすでにB系列が入り込んでいること、B系列はA系列へ依存することーを合わせるならば、次のようになる。A系列とB系列は、単に一方が他方に依存するという一方向の関係ではなくて、相互に依存し合っている、あるいは相互に浸透し合っている。

しかも、A系列とB系列の相互依存・相互浸透というこの考え方が正しいとすると、「矛盾を捉え直す」の項（二〇六～二一〇頁）で考察した結論とうまく照応することになる。A系列の「矛盾」は、時制的な観点と無時制的な観点のどちらが優位であるかを決定できないことと結びついていた。この決定不能性は、A系列とB系列が相互依存・相互浸透の関係にあって、どちらが根本的かを決定できないことと符合している。

矛盾の実相とは、「時制的な観点が、無時制的な観点の内に包み込まれ、かつ無時制的な観点の内に包み込まれてはならない」ということであり、言い換えれば、「時制的な観点の外に立ち、かつ時制的な観点の内に留まらなければならない」ということであった。この「矛盾」の捉え方を、A系列／B系列の区別・関係の話につなげるならば、次のように考えることもできる。

「A系列も実はB系列に依存するし、そのB系列もさらにA系列に依存し、そのA系列もまた、B系列に依存する……」という連鎖リレーの一部分だけを切り取って固定し、それを無理やり圧縮する（たとえば「AはBに依存、そのBもまたAに依存」のところだけ切り取って、

「AはBに依存しかつ依存しない」と圧縮する）という考え方によって、「矛盾」が発生する。そのように考えることもできる。

A系列と変化

マクタガートの証明の中で、A系列とB系列の区別・関係と同様に最深部に位置するのが、A系列と変化との結びつきである。時間と変化とA系列は、一体化していると言ってもいいほどである。時間と変化とは切り離すことができず、その変化はA系列によってしか捉えることのできないものである。

この一体化は、マクタガートにとっては、当たり前の前提だっただろう。時間にとって本質的な「変化」とは、「時点t_1でXはPという状態であり、時点t_2でXはQという状態である」というような状態変化（Pという状態→Qという状態）ではなかった。重要な意味での「変化」とは、「時点t_1でXはPである」という同一不変の出来事を考えても、それがまさに到来して過ぎ去っていくという変化なのであった。つまり、時間と変化とが切り離せないのは、時間が「経過するもの」「推移するもの」だからである。そして、この独特の「変化」を表すには、「かつては未来だったことが、今は現在であり、やがては過去になる」のように、A系列を使う以外に方法はない。だから、A系列と変化もまた、切り離すことはできない。マクタガートは、そう考えていた。

しかし、マクタガートのこの考え方は、そのまま受け入れていいのだろうか？　A系列と変化とのあいだに、楔《くさび》を打ち込む余地は残されていないのだろうか？

私自身は、「経過・推移という時間的変化は、A系列とは別物である」と考えている。つまり、時間経過（推移）は、時制表現から（分離独立させることはできないまでも）区別することができるし、時間特有の変化は、「系列」の果て（「系列」が「系列」でなくなるところ）の何かとして考えるべきだと思っている。この点については、第四の形而上学的な立場について素描する第五章の中で、明らかにしたい。

第五章

もう一つ別の時間論

――第四の形而上学的な立場

全体と局所と矛盾

第四章では、マクタガートの証明の最後部から出発点の方へと遡りながら、次のような議論を行った。

I 「実在」という概念が含む複数の意味を考慮しつつ、マクタガートの「実在」観のゆれや不十分さについて論じた。

II マクタガートと反マクタガートとのあいだの癒着の構造（大きな循環・無限後退）を、証明の中からあぶり出し、さらに、三つの形而上学的な立場（マクタガート・A系列論者・B系列論者）の絡み合いを解きほぐすことによって、「矛盾」の実相に迫った。

III A系列の内にすでにB系列が食い込んでいることを、マクタガート自身の記述の中から読み取り、A系列とB系列の相互浸透を論じた。さらに、一体化しているA系列と変化とのあいだに、楔《くさび》を打ち込む可能性についても言及した。

こうして、マクタガートの時間論から離脱するための準備が整った。マクタガートの議論の内側に入り込んで、その可能性と限界を見つめてきた今、そこから少し離れた別の地点へと一歩踏み出したい。このささやかな離脱を、第四の形而上学的な立場―もう一つの時間論―として描くことが、この章の課題である。

マクタガートは、自説への反論者を想定し、その仮想敵をあらかじめ議論の一部分として組み込むという仕方で、自らの「証明」を展開していた。たとえば、「A系列に矛盾が含まれることに反論する者は、循環や無限後退に陥ってしまい、矛盾からは逃げられない」という論法が、それに当たる。しかし（あるいはだからこそ）、その「証明」は成功しなかった。マクタガートと（想定された）反論者は、たしかにある意味では対立するのだが、もっと大きな意味では、両者とも同じ循環の中をまわりつつ、一つの図柄を構成している。一八一〜一八七頁の「もう一つの循環・無限後退」の箇所での議論を、思い出して欲しい。

それでも、その「マクタガート／反マクタガートの循環」は、マクタガートが提示するものであることに変わりはない。マクタガート側（矛盾ありの側）と反マクタガート側（矛盾なしの側）とのあいだで「勝負」はつかないが、それでも「先手」はマクタガートであり、マクタガートの最初の一手（A系列は矛盾しているのだ）によって、大きな意味での「循環」が起動していることに変わりはない。だからこそ、マクタガート側が「全体」のポジションを占めて、「全体としての悪循環（最初から矛盾している／結局は矛盾に逢着してしまう）」を語り、反マクタガート側は、「局所」のポジションを割り当てられて、「局所的に無害な循環（とりあえず矛盾に遭遇しない）」を語ることになる。

しかし、マクタガートの立場を離れて言えば、「全体としては矛盾」「局所的には無矛盾」という割り当て方には、事柄としての必然性はない。つまり、その逆の「全体としては無矛盾」「局所的には矛盾」という割り当ても、十分可能である。

「全体」「局所」「矛盾」をイメージするために、「メビウスの帯」と呼ばれているものを考えてみよう。メビウスの帯は、図26のように、帯状のものを一ひねりして、端をつないで作った輪である。一ひねりせずに作った輪の場合には、その輪の「表側」と「裏側」をふつうに区別することができる。しかし、メビウスの帯の場合には、「表側」から始めて、指でなぞりながら帯の表面をたどっていくと、「裏側」に達してしまい、今度はその「裏側」を出発点にして、同じようにたどっていくと「表側」に戻ってしまう。そのような「不思議の環」が、メビウスの帯である。

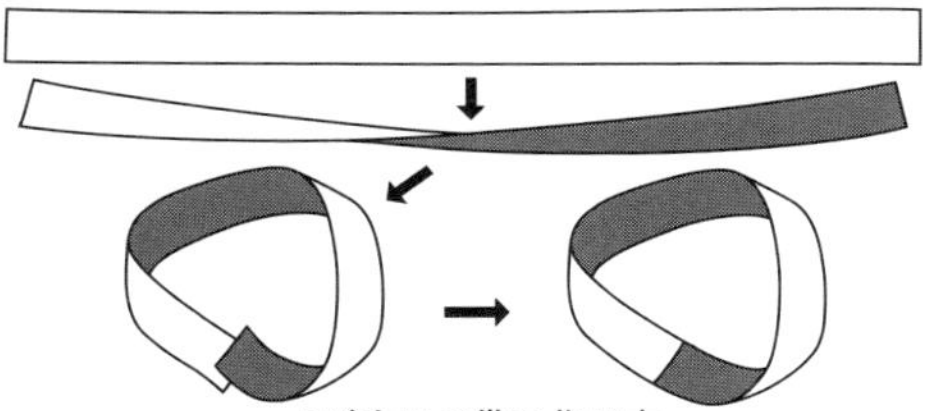
メビウスの帯の作り方
『世界大百科事典』（平凡社）を基に作成
図26

メビウスの帯にも、局所的には「表側と裏側」がある（ように見える）。しかし、メビウスの帯全体としては、「表側と裏側」の区別は、意味を持たなくなっている。「局所的に」

とは、まずは一部分だけに着目して「表側と裏側」の区別があるように考えることであり、さらに、その区別に基づいて、「表は裏で、裏は表である」「メビウスの帯の面は、表かつ裏である」と考えることである（「局所」は、単なる「一部分」ではない。「部分」と同じ次元で捉えられる広域もまた「局所」である）。それに対して、「全体」とは、「表／裏」という次元よりも高次にあるものとしてのメビウスの帯である。その次元においては、もはや表も裏もない。

このメビウスの帯は、「全体としては無矛盾」「局所的には矛盾」という事態に、イメージを与えてくれる。つまり、局所的には「表かつ裏である」（矛盾）、しかし全体としては「表も裏もない」（無矛盾）というイメージである。

マクタガート（マクタガート＋反マクタガート）の立場は、「時間は全体としては矛盾しており、局所的にのみ無矛盾である」に相当する。しかし逆に、「時間は局所的には矛盾しているが、全体としては無矛盾である」という立場も可能である。こちらの立場が、メビウスの帯のイメージに相当する。実際、A系列論者は、そのような立場を提示していた（と考えることができる）。

全体としては矛盾	＋ 局所的には無矛盾	↓マクタガートの立場
局所的には矛盾	＋ 全体としては無矛盾	↓A系列論者の立場（cf.メビウスの帯）

A系列論者は、「全体（実在）は時制化されたものであって、矛盾はない」と考えた。全体（実在）は、かつては未来であったが、今は現在であり、やがて過去になるという経過・推移の内にどっぷり浸されている（世界そのものが時制的に動的なものである）のだから、両立不可能なものをいっぺんに持つ（矛盾する）ことなど生じようがない。

A系列論者は、続けて言う。矛盾があるかのように見えるのは、その動的な世界を部分的に固定して（＝局所的に）考える場合である。経過・推移を、ある時点で凝固させて「t_1の時点で未来であり、t_2の時点で現在であり、t_3の時点で過去である」と捉える。この「であり／である」が、t_1の未来とt_2の現在とt_3の過去が共存するかのような、局所的な印象を与える。しかし、その固定も、ほんとうは流されていくので、全体としては矛盾はない。

それは、メビウスの帯で、局所的には「表と裏が一つの面として共存する」のと同様である。全体（実在）においては、ほんとうは矛盾などないにもかかわらず、局所的に矛盾という仮象が生じる。このように考えるのが、「全体としては無矛盾、局所的には矛盾」という立場である。

「とりあえず性」

しかし、この「全体と局所と矛盾」の考え方は、矛盾をどちらかに（全体にあるいは局所に）割り振ってしまうという点で、きわめて不十分である。なぜならば、時間の「矛盾」の実相とは、全体において生じるのでも、局所において生じるのでもなく、むしろ全体と局所とのあいだで問題化するからである。矛盾の実相は、こうだった。

1. 時制的な観点が、無時制的な観点の内に包み込まれる

かつ

2. 時制的な観点が、無時制的な観点の内に包み込まれてはならない
＝無時制的な観点が、時制的な観点の内に包み込まれる

ここに、「全体と局所」という表現を挿入するならば、こうなる。

1. 時制的な観点（局所）が、無時制的な観点（全体）に包括される

かつ、

2. 無時制的な観点（局所）が、時制的な観点（全体）に包括される

時間の「矛盾」は、全体か局所のどちらかに割り振ることができるものではない。そうではなくて、「(二つの観点が)全体であるのか局所であるのかを決定できない」ことが、矛盾を発生させる源になっている。「1かつ2」という矛盾とは、「時制的な観点が全体としても局所としても現れる」ことであり、同じく「無時制的な観点も全体としても局所としても現れる」ことである。

このような時間の「矛盾」をイメージするためには、メビウスの帯の例では不十分だったことになる。メビウスの帯では、「表かつ裏である」という局所的な矛盾は、全体としては「表も裏もない」という仕方で解消されていた。しかし、時間の「矛盾」の方は、(あえてメビウスの帯に即して言うならば)「表かつ裏である」ことと「表も裏もない」ことの両者が、どちらが全体でどちらが局所なのか決定不可能なまま反転し続けることでなければならない。

時間の場合には、「矛盾がある」ことが問題なのではなくて、「矛盾がある」ことと「矛盾がない」こととが、どちらも決定的な優位性を持つことなく、繰り返されることが問題なのである。しかも、この繰り返し自体が、一方の観点からは「矛盾があり、かつ矛盾がない」という矛盾として把握され、もう一方の観点からは「矛盾でも、無矛盾でもない」という矛盾のなさとして把握され、さらにその両観点が反転し続けていく。

「全体と局所と矛盾」という考え方の不十分さは、その概念に、「とりあえず性」が組み込まれていないという点にある。「全体」はとりあえず全体として位置づけられ、それに応じて「局所」もとりあえず局所となるが、それはあくまで「とりあえず」なのである。次には反転してしまうかもしれない可能性を含めての、一時的な「全体」と「局所」なのである。「矛盾」もまた、「ある」と決定されるのでも「ない」と決定されるのでもなくて、とりあえず「ある」、とりあえず「ない」を繰り返す。

A系列論者は、「無時制的な観点によって包み込まれない時制的な観点」あるいは「けっしてその外に立つことができないような時制的な観点」を想定してしまうことによって、「とりあえず性」を見失っていた。私たちは、無時制的な観点によって、時制的な観点を包み込むことが、とりあえずはできるし、せざるをえないのである。

一方、B系列論者が見失っていたのは、時制的な観点を包み込む無時制的な観点も、とりあえずのものであって、再び時制的な観点に包み込まれざるをえないという点である。

そして、マクタガートも、「矛盾」の「とりあえず性」を見失っていた。時制的な変化を、無時制的に捉えるその瞬間には、「矛盾」が発生する。しかし、その無時制的な把握もまた、時制的な変化に晒《さら》されて、「矛盾」は消える。そして、その時制的な変化も、無時制的に捉えられて、再び「矛盾」が発生する。「矛盾」があることも「矛盾」がないことも、ともに「とりあえず」にすぎない。この「とりあえず性」が、時間の問題にとって本質的であることを、明記しておこう[1]。

そのつどの分割

「とりあえず性」は、全体と局所がそれぞれ確固として「ある」のではなく、むしろ「全体／局所」という分割自体が、そのつど立ち上がるのだということを教えてくれる。時制的な観点と無時制的な観点、A系列論者とB系列論者についても、同じことが言える。二つの観点、二つの形而上学的な立場の「争い」が問題なのではなく、むしろ二つの観点・二つの立場という分割自体が、そのつど立ち上がることこそが、重要なのである。

次のような時制を含んだ表現を、もう一度取り上げてみよう。

「かつて未来であったことが、今は現在であり、やがて過去になる」

たしかに、ここには時間特有の「変化」「動き」が表現されている。しかし、それを表現する行為の側は、その「変化」「動き」の中に、とりあえずは飲み込まれていない[2]。もしも、この分割（表現される「変化」／表現する行為の側のとりあえずの「非-変化」）がなければば、「変化」「動き」は、表現へともたらされることさえできないだろう。ちょうど、ありとあらゆることが過ぎ去ってしまうとすれば、過ぎ去ったという記憶すら過ぎ去って、過ぎ去ったことに気づくことさえできないのと同様に。

その「とりあえずの非-変化」は、時制表現のまわりを——表現する行為として——透明に取り囲んでいる。その透明な非-変化を顕在化させると、次のようになる。

「かつて未来であったことが、今は現在であり、やがて過去になる」のである。

さらに、その顕在化した「とりあえずの非-変化」(つまり無時制的な「である」)を、表現の内部に組み込むと、次のような無時制的な表現が導かれる。

「過去から見ると未来であり、現在から見ると現在であり、未来から見ると過去である」

もちろん、この「非-変化(無時制)」が、「とりあえず」のものであることを忘れてはいけない。とりあえず変化から免れている「である」もまた、時間特有の「変化」「動き」

から逃れられるわけではない。無時制的な「である」もまた、時間特有の「変化」「動き」に晒《さら》される。それを顕在化すると、次のようになる。

「無時制的な『である』という表現行為も、かつては未来であったが、今は現在であり、やがて過去になる」

もちろんさらに、この時制表現のまわりを「とりあえずの非‐変化」が透明に取り囲んでいる。

「無時制的な『である』という表現行為も、かつては未来であったが、今は現在であり、やがて過去になる」のである。

これが、時制的な観点と無時制的な観点との「そのつどの分割（の連鎖）」である。「時間」は、A系列論者が正しく捉えているのでも、B系列論者が正しく捉えているのでもない。むしろ、両者の「そのつどの分割」が、「とりあえず」という仕方でつながっていくことの中に、「時間」は映し出されていると考えるべきである。

二種類の差異を反復する「である」

以上のように考えるならば、時制的な「である」と無時制的な「である」が、同じ「である」という表現によって表されていることは、単なる偶然ではない。「時制的／無時制的」という分割がそのつど立ち上がり、とりあえずの包み込み合い（優位性の獲得）が連鎖していく。連鎖するように見えるのは、「である」という同一の表現が受け継がれていくからである。図にすると、重要な「そのつど性」・「とりあえず性」はどうしても消えてしまうが、その点の不備には目をつぶって、「である」による連鎖をイメージするならば、図27のようになる。

この図が表しているのは、「である」という表現において、時制的な現在／無時制的な現在という分割が繰り返される様子である。「である」という表現は、レベル差（時制的なレベル／無時制的なレベルの差）を反復すると言ってもいいだろう。時間の内／外のそれぞれに、とりあえず立ち続けていくと言い換えてもいい。

「である」は、二種類の差異—水平的な差異と垂直的な差異—を生み出しつつ、なおその反復が、ひとつながりのことであるような相貌も与える。もちろん、水平的な差異とは、「現在」と「過去」と「未来」との（とりあえずの）差異であり、垂直的な差異とは、時制的な観点と無時制的な観点あるいは時間の内と外との（とりあえずの）差異である。

「である」という表現は、「であった」（過去）や「になる」（未来）ではない「現在」を切り出し、同時にその三つを視野に収める「無時制的な現在」をも切り出し、さらにその切り出しをも時間の内に差し戻し……という反復を、同一の「である」という表現において遂行する。ただし、忘れてはならないのは、「である」という表現の同一性により、この

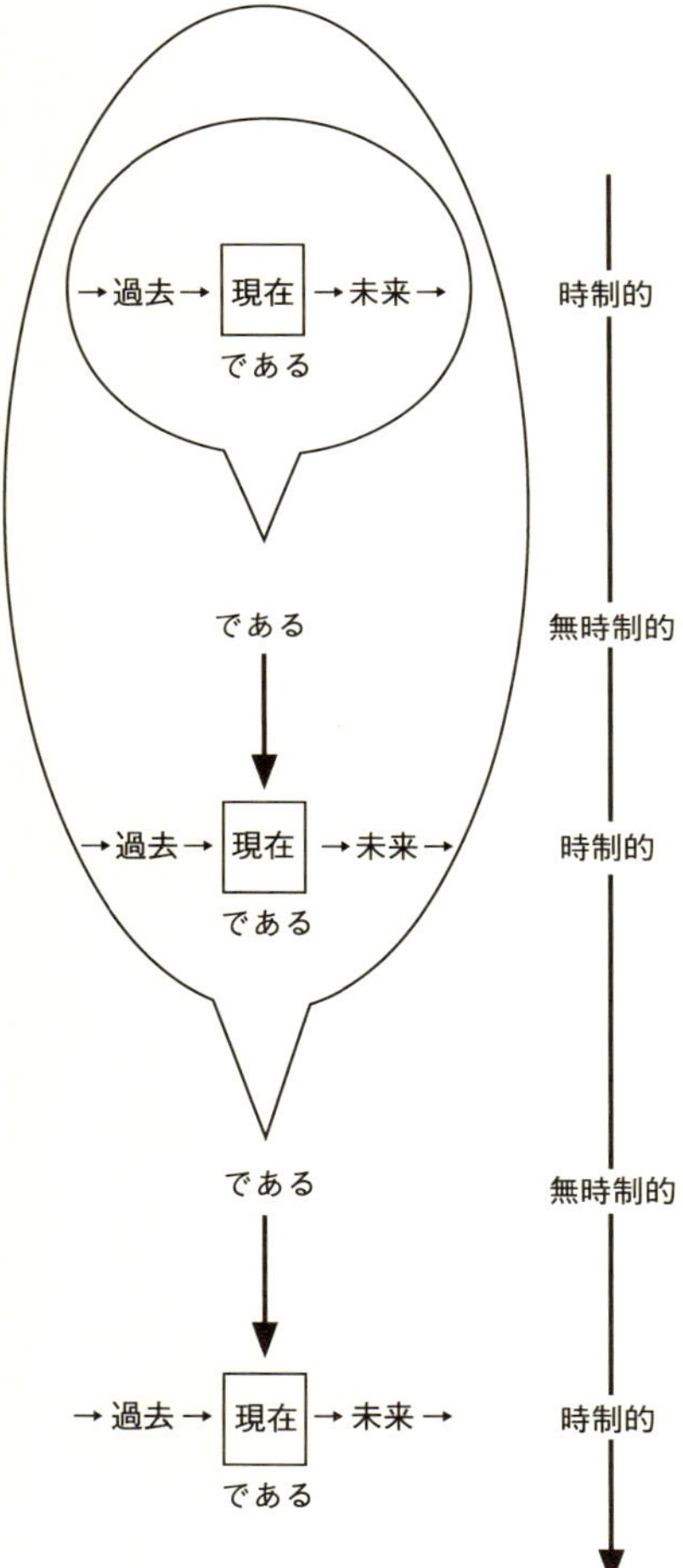

図27

反復がひとつながりのものに見えて、「そのつど性」・「とりあえず性」は逆に見えにくくなっている（ちょうど図がそうであるのと同様に）ということである。

関係としての時間（時間の関係的な側面）

ここまでの考察によって浮かび上がってくるのが、「関係としての時間」（時間の関係的な側面）である。

そもそも時間には、「そのつど性」・「とりあえず性」が含まれている。二つの観点がそのつど分割され、とりあえず一方が他方に包み込まれることによってこそ、時間はA系列あるいはB系列として捉えられる。しかし同時に、「である」という同一の表現によって差異が反復されるので、反復が「ひとつながり」のものとして前景化し、その結果、「そのつど性」・「とりあえず性」は隠蔽される。このようにして「つながり」として捉えられた時間が、「関係としての時間」（時間の関係的な側面）である。

第一に、「関係」とは、ひとつながりの時間における「反転関係（図化と地化）」として、時制的な観点／無時制的な観点の「包み込み合い」が、捉えられることを意味する。また第二に、過去‐現在‐未来が相互に複合的に関係し合い、視点の移動が仮想されて、「かつては未来であった現在」等々が可能になることを意味する。もちろん、この二つの「関係」

―垂直的な関係と水平的な関係―も、相互に関係し合っている。時制的な観点と無時制的な観点のあいだの往復(=垂直的な関係)を経由しなければ、複合的な過去・現在・未来の視点移動(=水平的な関係)も成り立たないだろう。

このような「関係としての時間」(時間の関係的な側面)という考え方が、時間を考えるための一つの基礎的な切り口となることは、ほぼ確実だろう。少なくとも、A系列とB系列が基本的であるのと同じ程度には、基本的であろう。しかし、それが時間の一側面でしかないこともまた、確かである。もう一つの側面とは、「そのつど性」・「とりあえず性」が隠蔽されない時間、すなわち「無関係としての時間」(時間の無関係的な側面)であるが、こちらの側面へと考察を進める前に、「関係としての時間」(時間の関係的な側面)が持つ二方向の「極限」について考えておこう。

極限とは、限りなくそこに近づけるが、実際にそこに行き着いてしまうことはない地点である。「関係としての時間」は、二つの観点の「分割」「包み込み合い」から析出されてくるものだが、無時制的な観点の方を徹底していくならば、「永遠の現在」という極限が、時制的な観点の方を純化していくならば、「非系列的な推移」という極限が、見えてくるはずである。言い換えれば、「永遠の現在」と「非系列的な推移」が、「関係としての時間」(時間の関係的な側面)の二種類の限界(リミット)である。

永遠の現在（nunc aeternum）

マクタガートは、三種類の「永遠」を区別していたことを思い出そう。永遠1は時間の中での限りなさ（無始無終）としての「永続」を、永遠2は真理や法則のような抽象的・普遍的なことの「無時間性」を、永遠3は神・絶対者のような存在するものの「無時間性」を、それぞれ表していた。この中では、永遠3がもっとも「永遠の現在」に関係が深い。

まず、「現在」という表現に含まれる現実性が、（抽象的・普遍的なことのリアリティではなくて）存在するもののリアリティを喚起する。さらに「永遠の」が表す無時間性が、その「現在」を、過去や未来と対立するのではない高次のものへと押し上げる。こうして、「永遠の現在」という表現においては、特権的なリアリティを持つこの今が、時間の中の一点へと位置づけられるのではなく、時間の全体（総体）を限界づけるような特異点として把握される。

「永遠の現在」「永遠の今」は、特別な神秘体験のようなものを表しているのではない。ただしそれは、神秘体験など存在しないという理由からではない。神秘体験と呼ばれるものはあるし、あってかまわない。しかし、「永遠の現在」が表すこと（意味）は、その体験や実感自体ではない。それは、この今が持つ現実性が、直接的な体験や実感に還元できるものではない（第三章一四九～一五一頁の①の議論参照）ことと同様である。意味や現実性は、体験や実感にある意味で「先立って」与えられていなければならない「前提」のようなものである。

注目すべき点は、「永遠の現在」という考え方に含まれている「水平性と垂直性の交差」「時間性と無時間性の交差」である。「永遠の現在」という表現の中には、（過去から現在を経て未来へ向かう）時間の絶え間ない変化―水平性―と、（無から時間を創造する）永遠なる神へ向けての超越―垂直性―との交差を読み取ることができる。水平方向と垂直方向の交点のところに、「今」「現在」が位置している。

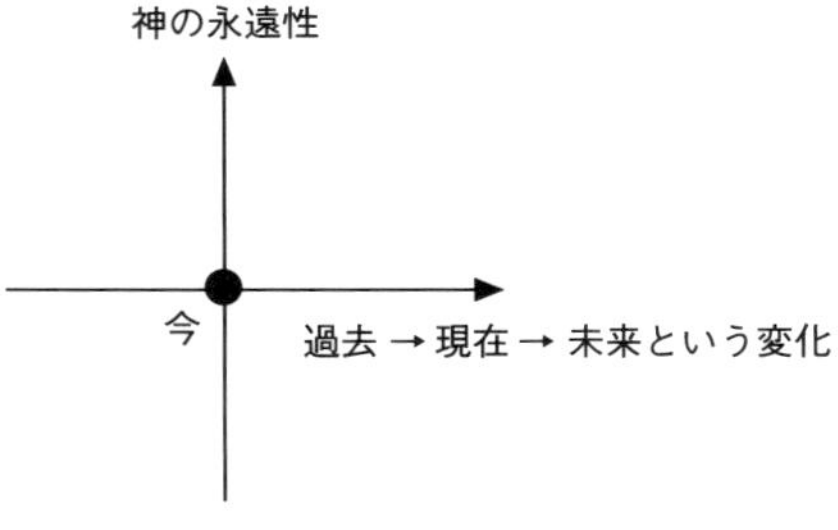

図28

「今」を交点にして水平性と垂直性が交差するこの構造（Xと呼ぼう）は、「二種類の差異を反復する『である』」の項（二三七～二三九頁）で、図によって表した構造（Yと呼ぼう）と、基本的に同型である。Xにおける「今」という交点は、Yの「である」という表現と対応する。Xにおける水平性は、Yの時制的な観点（水平的な差異）に対応し、Xにおける垂直性は、Yの無時制的な観点（垂直的な差異）に対応する。「今」という交点が、水平性と垂直性の両方を担うように、「である」という表現は、時制的な「現在」と無時制的な「現在」の両方を担っている。XとYは、水平性と垂直性と、その交差という構造を共有している。

両者（XとY）は対応する構造を持つが、もちろん、まったく同じなのではない。Xの垂直性は神の永遠性を志向しているが、Yの垂直性とは、無時制的な観点が時制的な観点に対して、とりあえず優位に立っていることであった。神の無時間的な永遠性と、とりあえずの無時制性（無時間性ではない）。両者の違いはきわめて大きい。

しかし、神ではない私たちは、両者をともに視野に収めて、その違いの大きさを比較す

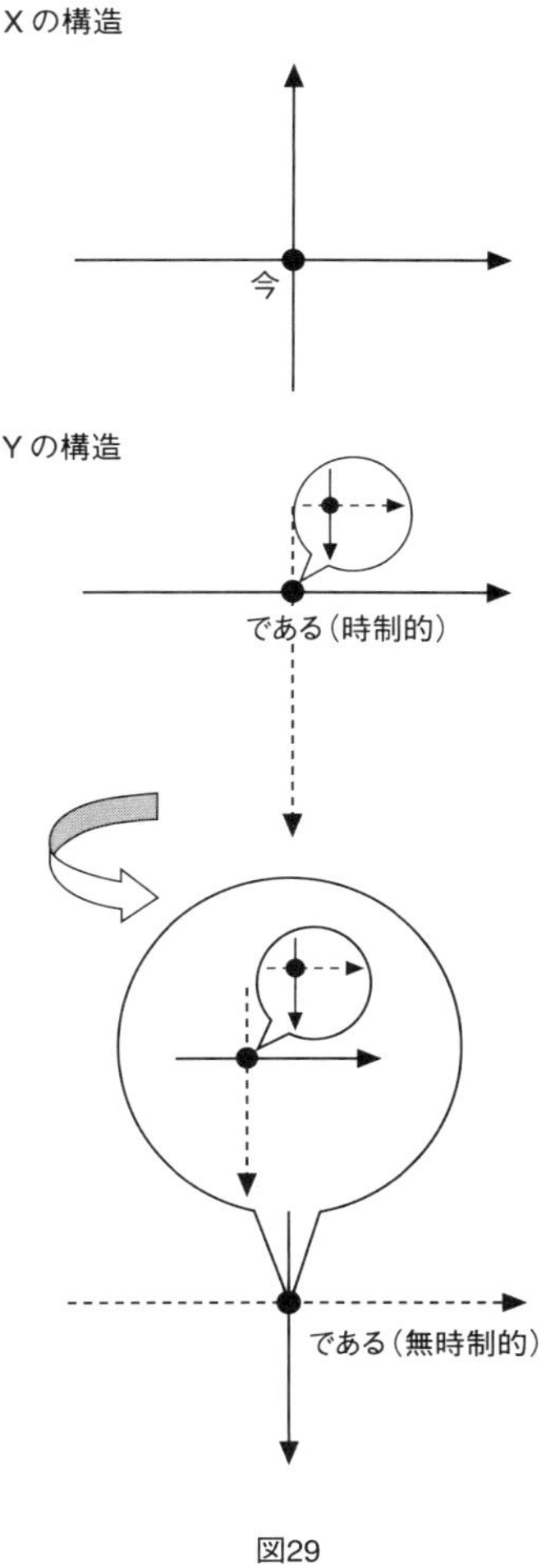

図29

ることなどできない。私たちは、とりあえずの無時制性を理解することはできても、それと同じようなやり方で、神の無時間的な永遠性を理解することなど不可能である。それでは、私たちは、どのようなやり方で「永遠の現在・永遠の今」を理解しているのだろうか。「永遠の現在・永遠の今」（X）を、「とりあえずの無時制性」（Y）の極限として理解する。これしか方法はないと思われる。

私たちには、「とりあえず性」を隠蔽する傾向があることについては、すでに述べた。そもそも、時間を「ひとつながりの時間」として表象することの中にも、この隠蔽は働いていた。私たちは、無時制的な観点によって、時制的な観点を包み込むことが、とりあえずはできるし、せざるをえないのだが、その「とりあえず性」が隠蔽されるとどうなるだろうか。無時制的な観点が、優位に立ったまま固定されることにより、まるで「今」が凍りついたような印象を与えるだろう。

さらに、或る「とりあえず」の段階において凝固するだけではなく、あらゆる「とりあえず」の段階すべてにおいて凝固するかのように、印象を拡大すると（隠蔽をさらに徹底すると言ってもいい）、どうなるだろうか。無時制性は、無時間性へと収束していくだろう。

このようにして、「永遠の現在・永遠の今」（X）を、「とりあえずの無時制性」（Y）の極限として位置づけることができるからこそ、神ではない私たちにも、神の無時間的な永遠性を、「永遠の現在」という仕方でかいま見ることができるのではないだろうか。

「関係としての時間」を構成する二つの観点のうち、無時制的な観点の方を固定し、拡張する（「とりあえず性」の隠蔽を徹底化する）ことによって、「永遠の現在・永遠の今」という一つの極限が見えてくる。

一方、「関係としての時間」を構成する二つの観点のうち、時制的な観点の方に優位性を置き、それを純化していくことは、「非系列的な推移」というもう一つの極限へと向かうことになる。こちらの方向を、以下では、「最小限のA系列」、「A特性の『あいだ』」、「『なる』という推移」の順序でたどることにする。

最小限のA系列

まず、第四章のIIIの節で取り上げた「A系列の内なるB系列」という項（二一七〜二二三頁）を思い出そう。その箇所で、私は「A系列の最小限の規定」と「A系列の拡張した規定」とを読み分けた。そして、後者には、すでにB系列が浸透していることを読み取った。このことから、次のように言ってよいだろう。時制的な観点（A系列）を無時制的観点（B系列）よりも優位に置いて、それを純化していくためには、前者の「最小限のA系列」

の方へと注目して、さらにそれを精錬しなければならない。
最小限のA系列は、任意の一つのポジションと、その一つのポジションに対して過ぎゆく「過去-現在-未来」だけから構成される。つまり、拡張されたA系列のようには、複数のポジション間の関係はまだ問題になっていない。厳密には、この最小限の規定は、A「系列（series）」とさえ言いがたいだろう。というのも、この最小限の規定では、ポジションの「系列」は、まだ潜在的にしか「ある」と言えない程度であり、系列というよりはむしろ「A特性」そのものが、剝き出しになっているのに等しいからである（図30参照）。このことからさらに、次のように予想できる。時制的な観点（A系列）を精錬し純化していくならば、「系列」とは言えない何かへと限りなく近づくことになるだろう。

A特性の「あいだ」

次に、第四章の最後で言及した「A系列と変化とのあいだに

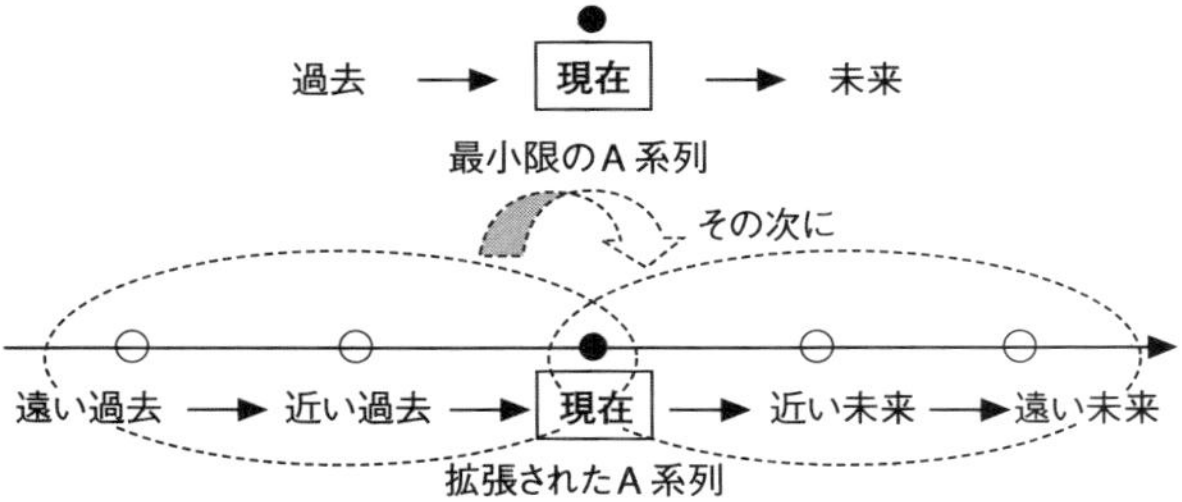

図30

は楔《くさび》を打ち込む余地が残されている」という点を、思い出そう。私は、その箇所で次のように述べた。

> 時間経過（推移）は、時制表現から（分離独立させることはできないまでも）区別することができるし、時間特有の変化は、「系列」の果て（「系列」が「系列」でなくなるところ）の何かとして考えるべきだと思っている。

分離独立はできないが区別することはできて、しかも系列の「果て」であるという位置づけは、「時間経過（推移）」が一つの極限であるということを表そうとしている。極限は、そこへと限りなく近づいていくことから、切り離してしまうことはできない。しかし、極限の地点は、そこへと近づいていく過程のどの地点とも違って、それらからは区別される「果て」なのである。時間特有の変化としての「推移」を、そのような極限として取り出そう。

最小限のA系列の表現として、次の例を考える[3]。

> 「（時点tは）かつては未来だったが、今は現在であり、いずれは過去だろう」

時間的変化を、このように三区分の時制表現（過去‐現在‐未来）で表す場合には、その区分とともに、「二つのあいだ」が同時に発生する。「二つのあいだ」とは、「未来だった」と「現在であり」とのあいだ、「現在であり」と「過去だろう」とのあいだである。そして、この「あいだ」でこそ、時間は経過し推移している。

もう一度繰り返そう。「未来だった」から「現在であり」へと推移する「あいだ」と、「現在であり」から「過去だろう」へと推移する「あいだ」が、発生している。「だった」が「である」になる推移と、「である」が「だろう」になる推移が、生じている。このように考えるならば、最小限のA系列は、次の三つの要因から構成されている。

(1)任意の一つのポジション
(2)A特性を表す三つの表現
(3)その表現の「あいだ」における「なる」という推移

(3)こそが、「過ぎゆく」によって表現されていたことに他ならない。あるいは、「過去↓現在↓未来」「未来↓現在↓過去」と表記するときの「↓（矢印）」に相当するのが、「あいだ」における推移（「なる」）である。

「なる」という推移

もちろん、(3)の要因（「なる」という推移）が欠けてしまえば、(2)の三つの表現（だった・である・だろう）は、もはやA特性の表現ではないだろう。現在にならないような未来、過去にならないような現在によっては、最小限のA系列さえ構成されえない。つまり、A特性の表現には、必ず「なる」という推移が含まれていなければならない。その意味では、(2)はすでに(3)を含意している。

しかし、その逆は言えないだろう。(2)の要因は必ず(3)の要因を伴うとしても、(3)の方は必ずしも(2)を伴わない。つまり、「なる」という推移には、必ずしもA特性の表現による「区分」など必要ない。この点（「なる」という推移にとっては、時制表現の使用は本質的ではないこと）は、次のように考えてみれば、明らかになる。

「なる」という推移は、過去と現在の「あいだ」、現在と未来の「あいだ」だけ生じているのではない。「なる」という推移は、そもそも過去（のみ）においても、現在（のみ）においても、未来（のみ）においても、生じていないことなどできないものである。三区分（過去-現在-未来）の「あいだ」だけでなく、三項それぞれの「中」においても、生じているしかない。これは、「なる」という推移が、区分を超えて遍在（浸透）していることに他ならない。

ただし、次の点には注意しよう。たとえば、過去（のみ）の中において推移を考えることは、遠い過去と近い過去との区別（前後関係）を導入することとは、まったく違う。「なる」という推移は、区分の「あいだ」や、区分された一項の「中」に、すでに生じているしかないものであって、その「なる」という推移自体を（遠い／近いのように）区分することはできない。いや正確に言えば、「なる」という推移も、とりあえず切れ目を入れて区分することはできる。しかし、たとえ区分しても、再び、区分と区分との「あいだ」、区分された複数の項の「中」に、「なる」という推移は遍在（浸透）してしまう。

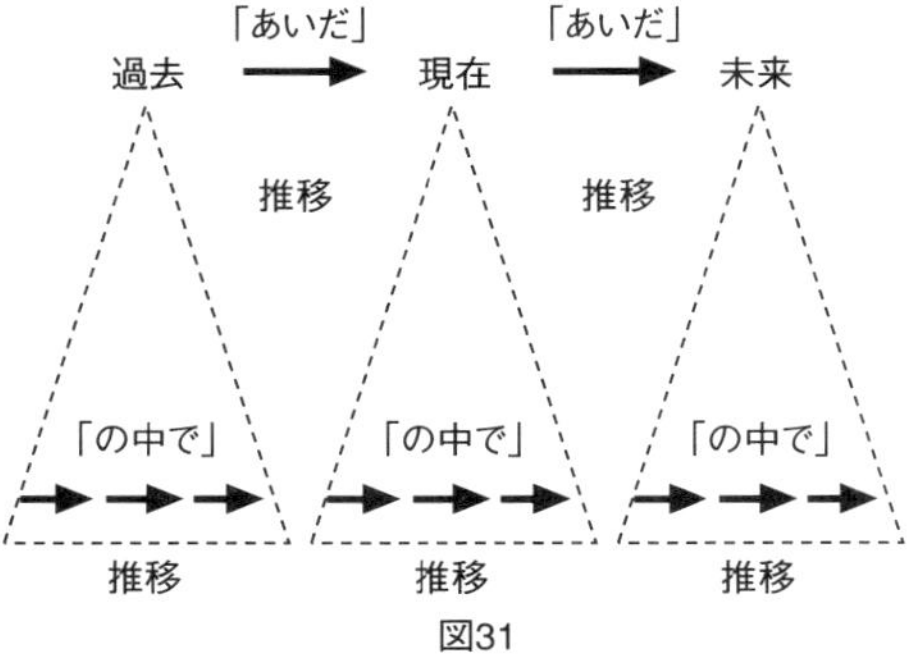

図31

「なる」という推移（非系列的な推移）は、たとえそれに時制的な区分を加えようとしても、その区分から流溢《りゅういっ》し、区別のない時間経過で遍《あまね》く浸してしまう。「なりつつあった（推移していた）」「なりつつある（推移している）」「なりつつあるだろう（推移しているだろう）」

と時制を付加して区分してみても、「なりつつあった」と「なりつつある」のあいだにも「なる」が働いているし、「なりつつある」と「なりつつあるだろう」のあいだにも「なる」が働いている。「推移していた」も「推移している」へと推移するし、「推移している」も「推移しているだろう」へと推移する。すべてが推移によって浸潤《しんじゅん》される。「なる」という推移は、このような仕方で、時制表現（区分）から分離独立させることはできないまでも、時制表現（区分）を超えて遍く浸透し続ける。区分・区別よりも過剰でいつも溢《あふ》れ出てしまうという仕方で、「なる」という推移は、その区分・区別自体から区別される。ゆえに、「なる」という推移は、「系列」（区分された複数の項の連鎖）ではないし、さらにA特性の区分をもはみ出し続けるので、時制的なものの極限として位置づけるしかない。

「非系列的な推移」という極限へと接近するこちらの方向も、時間の「とりあえず性」を隠蔽する。（永遠性とは逆の）流動性・絶え間なさ（flux）によって、「とりあえず性」は、流されるようにして消されてしまう。永遠性の方は、「とりあえず性」に含まれる「固定の一時性（次には変わってしまう可能性）」を抑圧し、流動性の方は、「とりあえず性」に含まれる「一時的な固定性（仮に変化を棚上げにしておくこと）」を抑圧する。しかし、「永遠の現在」も「非系列的な推移」も、ともに「関係としての時間」を母胎にして生い立ち、同じもの

（「とりあえず性」）を抑圧し、そして限界（リミット）として位置づけられる点では、「兄弟（姉妹）」のようなものである。ここまで描いてきた「関係としての時間」（時間の関係的な側面）を、図式化してまとめておくならば、下のような図となる。参考にしてほしい。

動く「今」の誤解

A系列的な時間と切り離すことができないのが、「動く今（a moving NOW）」という考え方である。この考え方によれば、B系列的な時間の捉え方に欠けているのは、その系列上を過去の方から未来の方へ向けて動いていく「今」という動的なものである。この「動く今」が未来へと向けて動いていくことこそが、時間が経過し推移していくことなのだ、とこの考え方は言う。

しかし、私はそう思わない。「動く今」という考え方は、何かを誤解していると思う。「今」は動くのではなくて、

関係としての時間

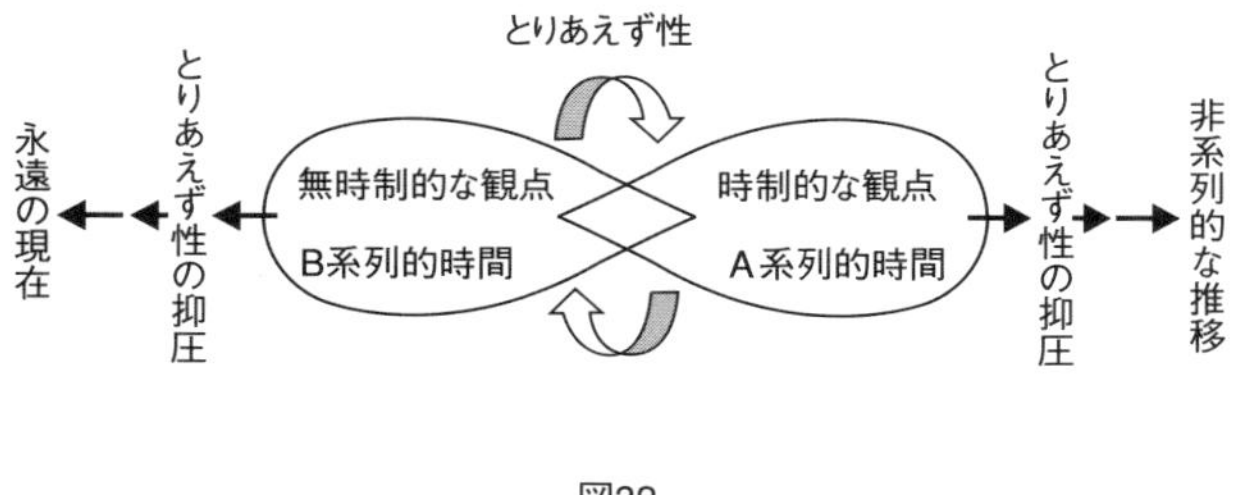

図32

ただ現実化する。そしてさらに、「今」が動いていくのではなくて、ただ「なる」という推移が（極限として）あるだけだと考える。その推移には時制もない（あることができない）し、推移を通じて同一であり続ける「今」というものがあるわけでもない。私はそう考える。この点を、もう少し展開してみよう。

たしかに、時点t_1が「今」であった状態から、時点t_2がまさに「今」であるという状態への「変化」はある。しかし、この「変化」について言えることは、まずは次の二つのことであって、「『今』がt_1からt_2へ動いていく」という「移動」ではない。

一つは、時点t_1も時点t_2も、さらにどの時点であっても、平等に「今」でありうるということである。だからこそ、時点t_1が「今」であった状態と、時点t_2が「今」であるという状態の二つを、ともに「今」についての事例として考えることができる。この場合、「今」は複数並立しているのであって、そこに「移動」などない。

もう一つは、「今」でありうる時点は複数あるが、まさに「今」であること――「現実化している今」――は、ただ一つだということである。「時点t_2がまさに『今』である」とは、時点t_2に、ただ一つしかない現実性が宿っていることに他ならない。そのような現実性は、ただ宿っているかいないか、つまり現実化しているかいないかの、どちらかしかないのであって、当の現実性が、まさに現実化したまま、ある時点から別の時点へ「移動する」ということは、そもそも考えることさえできない。

時点t_1が「今」であった状態と、時点t_2がまさに「今」であるという状態とをつなぐこと（変化として捉えること）はできる。それができるのは、時点t_2の現実性の中においてである。時点t_1の「可能的な現実性」と時点t_2の「現実的な現実性」とは、時点t_2の「現実的な現実性」においてしか比較できない。このことが、重要である。それに対して、時点t_2がまさに「今」であるという現実性と、時点t_1がまさに「今」であるという現実性とは、比較したりつないだりする場そのものがありえない（メタ現実性のようなものがありえない）ので、両者を比較することもつなぐこともできない。二つの「現実的な現実性」を比較することなど、「現実的な現実性」はただ一つしかないのだから、そもそも生じようがない。したがって、現実性が一方から他方に「移動する」ということにも、意味を与えることができない。

現実化している現実（まさに「今」であること）がただ一つしかないというのは、複数個の中から選んだ、かけがえのないただ一つということではない。そもそも複数ということが意味を持ちえないということなのである。そして、複数性がそもそも意味を持ちえない「現実化している今」は、それがどこかからどこかへ「動く」ということも、不可能である。それは、じっと止まっているから動けないというのとは、まったく違う。「現実化している今」は、そもそも止まっていることとも動くこととも、まったく無縁なものだということである。

こうして「今」を、「今でありうる時点」と捉えるならば、複数個並立するだけで、そこに「動き」はないし、他方「今」を、「まさに現実化している今」と捉えるならば、そもそも「動き」を考えることが無意味になる。どちらにしても、「動く今」という考え方は、成立しない。以上から推測されるように、「動く今」という誤解は、「可能的な複数の今」と「まさに現実化している、複数性が意味を持たない今」との断絶を無視して、両者を短絡させてしまうことから生じている。

「それでも今は動く」と反論されるかもしれない。「動く今」という考え方が誤りで、複数の並列する「今でありうる時点」と、複数性も移動も意味を持たない「まさに現実化している今」があるだけならば、時間にとって重要だと思われる「流れる」ような動きが、なくなってしまうではないか。

もっともな反論である。たしかに、時間には独特な「動き」が含まれている。私もそう思う。しかし、それは、「今が動く」からではなく、「推移が生じている」からである。「今が」推移するのではない。むしろ、「今の中で」推移しているのである。さらに正確に言えば、「今」という枠をも超えて(時制的な区分をはみ出して)、時間的な推移は推移していく（としか言えない）。

時点t_1が「今」であった状態から、時点t_2がまさに「今」であるという状態への「変化」はある、と言った。そして、この「変化」は「今」の移動ではない、とも言った。それでは、どのような「変化」なのか。

これも、やはり「推移」である。「……であった」（過去）から、「……である」（現在）への変化は、時制と時制との「あいだ」の変化であり、過去から現在に「なる」という推移である。過去と現在の「あいだ」の推移には、時制はない。正確に言えば、その推移にも時制の区分を当てはめることは可能であるが、そのような区分を追加しても、推移は再びその区分から溢れ出してしまう。したがって、時制区分をはみ出す過剰の極限としての「時間的な推移」は、時制を持たない。

以上から推測されるように、「動く今」という誤解は、時制的な観点（A系列的な時間）の極限としての「時間的な推移」を、時制的な観点（A系列的な時間）の内部に無理に配置しようとすることから生じている。

結局、「動く今」という考え方は、二つの誤解すなわち、

1.可能的な複数の「今」と、現実的な唯一の「今」との短絡

2. 時制をはみ出す「時間的な推移」を、無理やり時制内に押し込めること

この1と2から生じた「錯覚」である。「今」は動かない。しかし、時間は推移する。

無関係としての時間（時間の無関係的な側面）へ

ここまでが、関係としての時間（時間の関係的な側面）の話の範囲内である[4]。「永遠の現在」と「非系列的な推移」が、二種類のリミットとして、関係としての時間を画している。関係としての時間のコアの部分に位置するのは、時制的な観点／無時制的な観点という分割が、そのつど立ち上がりつつ、とりあえず一方の観点が他方に包み込まれること――「そのつど性」・「とりあえず性」――であった。しかし、そのコアの部分は、抑圧され隠蔽される。そのつどの分割ととりあえずの包み込み合いは、「である」という一つの表現を介して、反復の連鎖を作っていく（ように見える）。その連鎖の中では、過去-現在-未来どうしの水平的な関係と、時制的な現在と無時制的な現在との垂直的な関係と、さらにその二つの関係どうしの関係が、ひとつながりの時間の表象を紡ぎ出し、「そのつど性」・「とりあえず性」は見えにくくなる。その抑圧と隠蔽が完全なものになる地点が、「永遠の現在」と「非系列的な推移」という極限であった。

それでは、「そのつど性」・「とりあえず性」を抑圧したり隠蔽しないとしたら、どうなるのだろうか。この問いが、時間のもう一つの側面—無関係としての時間（時間の無関係的な側面）—についての考察の出発点である。

「とりあえず」という原-抑圧

「とりあえず」という表現は、固定と変化（の可能性）の両方を圧縮して、一挙に表している。これから変わっていく可能性や最終的にどうなっていくのかを、一時的に棚上げにしておくという「固定性」。と同時に、その固定性はあくまでも最終的なものではなく、その先がどうなるかは分からない、次の時点ではその固定性もキャンセルされてしまうかもしれないという「変化（の可能性）」も保持している。言い換えれば、時間の流れをいったん押しとどめようとする態度と、そのまま流そうとする態度の二つが、同居している[5]。「とりあえず」が持つこの二重性の中に、時制的な観点と無時制的な観点との「原-分割」—変化／固定という分割—を見ることができる。言い換えれば、「とりあえず」に含まれるような「一時的な固定性」から、無時制的な観点（B系列的な観点）が生い立ち、「とりあえず」に含まれるような「変化（の可能性）の保持」から、時制的な観点（A系列的な観点）が生い立ってくると、考えることができる。

ということは、「時制的な観点／無時制的な観点という分割が、そのつど立ち上がりつつ、とりあえず一方の観点が他方に包み込まれる」と言うときの、「そのつど」「とりあえず」は、二つの観点に後から加えられるような外的なものではない、ということである。そうではなくて、二つの観点が分割されることの中に、内的なものとして、「そのつど性」・「とりあえず性」が、始めからすでに組み込まれている。

さらに、次の点に注意。それは、「そのつど性」・「とりあえず性」は、（「である」という表現を介した）反復の連鎖の中で、後から抑圧され隠蔽されて見えにくくなってしまうだけではない、ということである。むしろ、「とりあえず性」自体の中に、抑圧・隠蔽が、始めからすでに含まれているのである。「とりあえず性」が、別の何かによって抑圧され隠蔽されてしまうだけではなくて、「とりあえず性」自体が、始めから抑圧・隠蔽作用を分泌しているのである。この「とりあえず」という原-抑圧を、もう少し説明しよう[6]。

「とりあえず」の原-抑圧とは、「切り離すことによってつなげる（つなげることによって切り離す）」ことに他ならない。「とりあえず性」とは、一時的に固定を行うときに、次にその固定が解除されるかもしれないことを保持しつつ、それでも固定することである。つまり、「次」を先取りしつつも、それをカッコに入れて、切り離しておく。また、「とりあえず性」とは、一時的に固定を行うときに、これまでの流れに介入し変化を導入しつつ、それでもその変化を固定することである。「前」と関わりつつも、その関わりをカッコに入れて、そこから自らを切り離しておく。つまり、「とりあえず性」においては、「前」や「次」との最小限のつながりが、むしろそれらを切り離すことの内で、設定されてしまっている。「そのつど性」についても、同じことが言えるだろう。「そのつど」の表す一回性は、けっして複数性から自由にはなれない。複数の「つど（たび）」とのつながりを保持しながら、そのつながりを切り離してみせることでしか、「そのつど」の一回性は表現されない。あるいは、「そのつど」によって「一回」を切り出すことが、複数の同じ「一回」の繰り返しを先取りしてしまう。

このような「切り離すことによっての、最小限のつながりの設定」「切り離しというつ

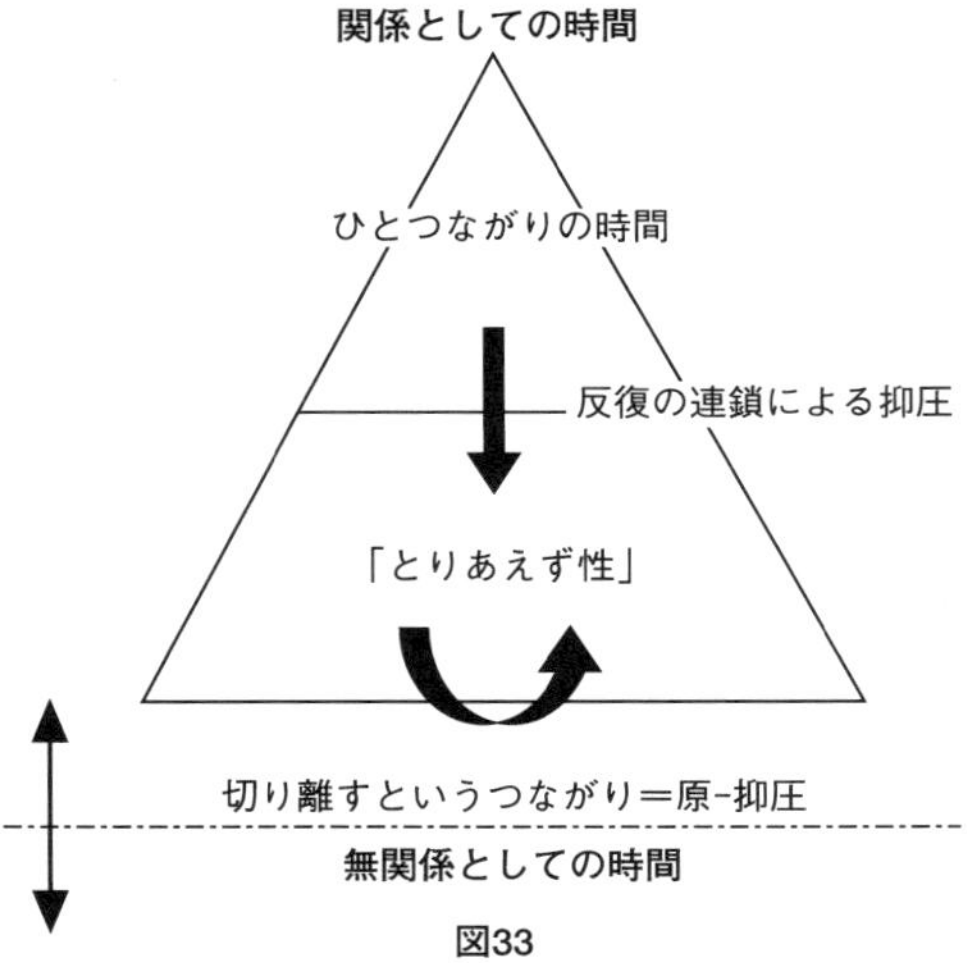

図33

ながり」が、原-抑圧である。それは、反復の連鎖を通して「ひとつながりの時間」が描かれることよりも、ずっと手前にある基礎的な「つながり」である。「関係としての時間」のコアの部分にはそのような「つながり（関係）」が、始めから深く組み込まれている。

したがって、「そのつど性」・「とりあえず性」を抑圧したり隠蔽しないとしたら、どうなるのだろうかという問いは、まだ不十分な問い方であったことになる。むしろ、「そのつど性」・「とりあえず性」という原-抑圧は、いったい何を抑圧しているのだろうか、そう問うべきであった。この問いから、無関係としての時間（時間の無関係的な側面）が、わずかに透かし見えてくる。

「無」でさえない未来

「とりあえず性」が、原-抑圧しているものを考えるためには、ブロードによる「未来」についての考察をふり返ることが、有効である（第四章の一七三〜一七七頁参照。特に二〇〇頁の注4は、先に進む前に読んでみてください）。

マクタガートが、過去・現在・未来をすべて等質的に扱うのに対して、ブロードは、未来だけを異質なものとして扱っていた。存在している（した）現在・過去と、まだ存在していない未来とのあいだの決定的な断絶に敏感だったのは、ブロードの方である。この点において、ブロードの「未来」観の方が、的確かつ魅力的であると、私は思う。

マクタガートが扱う「未来」は、すでに過去化してしまっている。これまで何度も使用した次の例を、もう一度見てみよう。

「かつて未来であったことが、今は現在であり、やがて過去になる」

ある出来事が過ぎ去ってしまった後で、もう一度それが始まる前の時点へと視点を移動して、「まだ未来であったこと」と捉える。すでに存在している（存在した）出来事だからこそ、「それがまだ未来だったときには……」のように、「それ」という指示語によって指示して固定することができるし、指示された「それ」を、（過去の視点から見た）未来へと位置づけることもできる。

「アン女王の死」という出来事は、それが起こる前も（まだ未来であるときも）、それが起こった後も（すでに過去であるときも）、同一の「アン女王の死」という出来事であり続ける、とマクタガートは言う。しかしこれも、「アン女王の死」という出来事が起こってしまった後で、初めて言えることである。起こってしまった後だからこそ、「アン女王の死」という出来事を指示できるし、もう一度「起こる前」の視点から、仮想的に「その出来事」

を未来のこととして眺めることもできる。

しかし、「アン女王の死」という出来事が起こる前の時点では、まだその出来事はそもそも存在していないのだから、ほんとうは指示することすらできないはずである。「アン女王の死」とただ言ってみることはできるだろうが、その言葉は、世界の中の出来事を指示できず（指示する出来事が起こっていないのだから）、いわば中身がまだ満たされていない空虚な表現にすぎない。

「未来」とは、そもそも指示できるような出来事が生じていない時である。にもかかわらず、マクタガートは、出来事がすでに生じたあとで、いったん過去へと遡って、その過去から「（これからその出来事が生じる）未来」を考えてしまっている。マクタガートの「未来」は、すでに過去になってしまった「未来」なのである。

ブロードの方は、その点、つまり「未来は、まだ存在しない無である」という点を的確に捉えていた。ブロードの「未

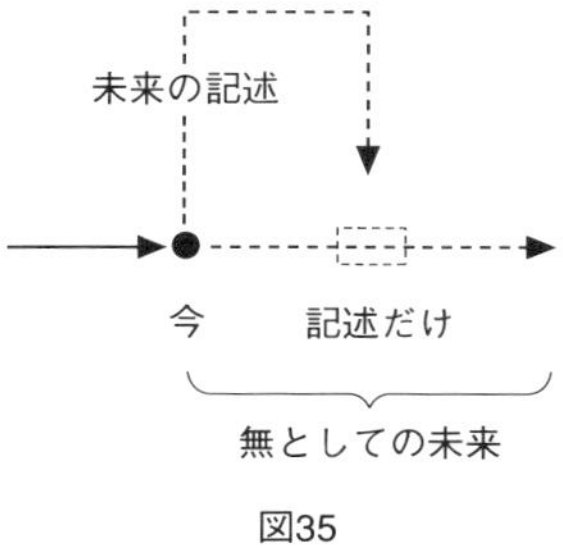

図35

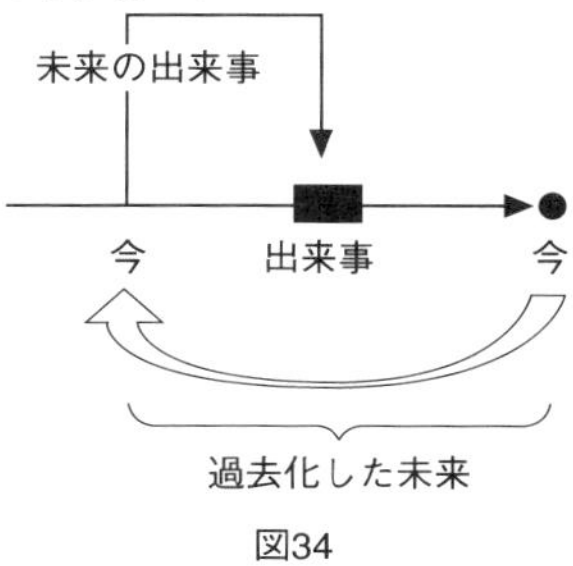

図34

来」観の特徴は、次のようにまとめることができる。

1.「存在するものの量」は増大していく。その増加の最先端が「現在」であり、蓄積した部分が「過去」である。それに対して、「未来」は、まだ存在していない「まったくの無」である。

2.「まったくの無」から、新しいものが生まれ出る変化が、「生成（becoming）」であり、「未来」が「現在」になるとは、そのような変化である。

3.未来言明は、「まったく生じていない特定の出来事」について言及するのではない（そんなことは不可能である）。出来事が持ちうる一般的な特性を記述することと、「生成」とを語るのみである。

図35では、未来言明が、特定の出来事によっては満たされず、ただの記述にとどまっていることを、点線の空白の四角が表している。一方、マクタガートの場合（図34）には、すでに特定の出来事が生じてしまっている未来（過去化した未来）なので、中が黒く塗られた四角によって、出来事が表されている。

私が主張したいのは、ブロードの「無としての未来」では、まだ「無」の度合が十分ではないということである。「無としての未来」は、まだ「とりあえず」の内に取り込まれる未来であるが、それに対して「とりあえず」の外の未来──「無」でさえない未来──を対置したい。「とりあえず」という原-抑圧とは、その「無」でさえない未来を、「無としての未来」へと抑圧することに他ならない、と言いたいのである。次のように考えてみよう。

なぜ、未来はブロードの言うような「無」であることが、分かるのだろうか。たしかに、過去や現在とは違って、未来には特定の具体的な出来事がまだ存在していない。出来事は存在はしているけれど、私たちは知らないだけだというのではない。個別の出来事が、端的にまだ起こっていないのが、未来なのである。しかし、そのこと、つまり「特定の具体的な個別の出来事がまだ存在していない」ということは、どうやって分かるのだろうか。

それは、一般的な特性を記述した「未来言明」が、まだ出来事によっては満たされていない、飽和していないことを知ることによって、であろう。つまり、未来についての記述が、まだ「欠落」を含んでいることを知ることを通して、未来が「無」であることが分かるのである。たとえば、「明日は雨が降る」という未来言明によっては、一般的な意味での「雨降り」については語ることができても、その意味の場を飽和させるような、具体的で個別的な出来事としての「雨降り」には、言及することができない。個別的な出来事に言及できていないからこそ、「明日は雨が降る」という未来言明は、まだ「真」とも言えないし「偽」とも言えない（排中律を適用できない）。その「できない」という不能こそが、未来が「無」であることを、教えてくれる。

具体的で個別的な未来には言及不可能なことを、一般的な意味の未来には言及できることを通して知る。つまり、「ある意味で言及できる」のに「別の意味で言及できない」と分かる。あるいは、「ある意味で言及できない」ことは「別の意味で言及できる」ことでもなくてはならない。この不能の構造は、「とりあえず性」の原-抑圧の構造と同じである。なぜならば、「とりあえず性」の原-抑圧とは、「次（未来）」を先取りしつつも、その「次（未来）」を切り離しておくこと、最小限のつながりを保持しつつも、切り離すことだからである。それは、「未来言明」によって、未来との最小限のつながりは保持しつつ、未来を「無」として切り離すという構造と、基本的に同じである。

これ（無としての未来、あるいは「とりあえず」棚上げにされる未来）は、まだ「欠如」としての無、「否定」としての無という段階に留まっている。一般的な記述の空所を埋める個別的な出来事が、まだ不在であるという「欠如」。そして、棚上げにされてとりあえず関与が「否定」される未来。これらは、いずれは何らかの形で、「埋められる」「棚から下ろされる」ことを、待っている「無」という段階である。しかし、未来の「無」は、もっと強力なのではないだろうか。

未来が「もっと強力な無である」とは、一般的な記述はできるが、それを満たす個別の事象がまだ欠如しているということ以上に、未来は無いということである。つまり、その未来についての一般的な記述さえもまだ無いような、そのような「未来」こそが、「無」でさえない未来である。あるいは、すでに使っている一般的な記述が、(単に偽とされるのではなくて)予想もしえない仕方でキャンセルされてしまうような、そのような「未来」である。ブロードは、未来について「新しいことが生まれる変化(生成)」だと言っていたが、新たに生まれるのは、「個別の出来事」だけではない。今はまだまったく無い「一般的な記述」自体も、新たに生まれる。今はまだ、その新たに生成するかもしれない「一般的な記述」そのものが無いのだから、その記述を通して浮かび上がる「(個別の出来事の)欠如」も、当然無い。だから、「無」でさえない未来は、「欠如」や「否定」としての「無」ではない。

そのような「無」でさえない未来など、それを語るための

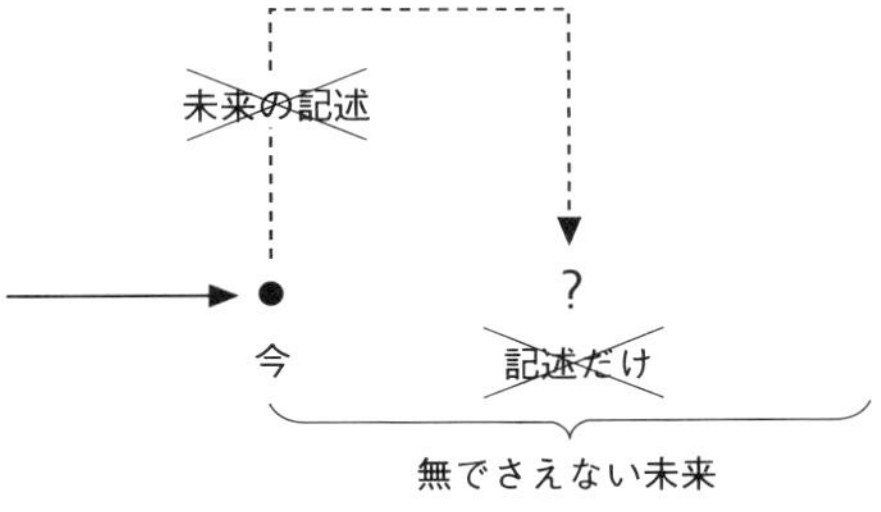

図36

記述すらまだ無いのだから、まったく語ることができないではないか、と疑問に思われるかもしれない。そのとおりであって、語ることはできない。「無」でさえない未来は、それについて語るためのことば自体が生まれていないものなのだから、当然それについて語ることはできない。

それでも、こうやって「『無』でさえない未来」などと言いながら、それについて語っているのではないか、とさらに疑問に思われるかもしれない。しかし、「『無』でさえない未来」という表現は、「それについて語る」ためのことばではない。むしろ、「それについて語る」という「それ」が、欠如としてすら無いのだということを、間接的に（ブロード的な「無」としての未来を媒介にして、すなわち「手持ちの表現によって一般的にのみ記述される未来、（出来事の）欠如を抱えた未来」を媒介にして）指し示しているだけである。

このような「無」でさえない未来は、とりあえず関与が棚上げされている未来――「とりあえず性」の内にある未来――とは、まったく違う。「とりあえず……」という仕方でカッコに括られて棚上げにされる未来は、それとの関係を断つことによって、むしろ関係を保持してしまう未来である（無関係という関係）。一方、「無」でさえない未来の方は、切断できる関係さえそもそもないような未来である（無関係という関係にさえならない無関係）。前者は、関係としての時間（時間の関係的な側面）であり、後者は、無関係としての時間（時間の無関係的な側面）である。

「とりあえず」という原-抑圧とは、この「関係」と「無関係」についてのいささか込み入った構造のことである。「とりあえず性」が抑圧するのは、「無」ですらない未来の無関係性である。その無関係性（無関係という関係にさえならない無関係）は、「無」としての未来の無関係性（無関係という関係）へと読み換えられた後で初めて、そのような無関係でさえない無関係として、かろうじて示されるしかない。原-抑圧がある中で初めて、抑圧以前もかろうじて暗示される。

夢の懐疑

以上のような、時間における「関係」の側面と「無関係」の側面の考察は、「夢の懐疑」と呼ばれる懐疑論に、一つの視角を提供してくれる。

私はひょっとすると、今夢を見ているのではないか。自分では目が醒めていると思っているけれども、後になって「目が醒めていると思っている夢」から目が醒めて、あれは実はリアル

関係としての時間	無関係としての時間
1. 過去・現在・未来の**水平的な関係**と、時制的な観点と無時制的な観点との**垂直的な関係** 2.「とりあえず性」が含む**無関係という関係**	「無」でさえない未来と現在とのあいだの、（無関係という関係にさえならない）**無関係**

な夢だったのだと分かるかもしれないではないか。しかし、「目が醒めた」と思うその時点でも、まだ夢を見ているという可能性はないだろうか。「目が醒めて、あれは実はリアルな夢だったのだと分かったと思っている夢」を見ているだけなのかもしれないではないか。そうすると、現実だと思っている夢から醒める可能性は、いつまでも消えないのではないか。そしてもちろん、今のこの現実から醒めてしまう可能性も、消すことはできないのではないだろうか。

これが、「夢の懐疑」である。私は、この「夢の懐疑」が、可能でもあり、不可能でもあると考えている。関係としての時間においては可能であるし、無関係としての時間においては不可能であると思う。それは、次のような意味である。

「今のこの現実も、ひょっとすると夢かもしれない」という可能性は、関係としての時間に基づいている。なぜならば、「今のこの現実」を後で指示して、「あの現実は実は夢だったのだ」と言えるような時点を、今先取りしているからである。「後で……だと分かる可能性が、今のこの時点に潜在する」という仕方で、「今」と「後」のつながり(関係)を、「今」の中に組み込んでいる。つまり、「この現実」を「あの現実」と指示することができる「時間的な隔たり」と「時間的なつながり」を、両方とも「今」に内在させている。

しかも、「今」と「後」のつながり(関係)は、反復される。後の時点も次には「今」になるし、そのときには、さらに後の時点とのつながり（関係）に基づいて、「夢の懐疑」は繰り返される。だからこそ、「夢の懐疑」の可能性は消してしまうことができない。それは、関係としての時間を、どこかで終わらせてしまうことができないのと、同じである。「夢の懐疑」は、関係としての時間そのものだと言ってもいいほどである。したがって、関係としての時間（隔たりとつながり）が可能であるかぎりは、「夢の懐疑」も可能でなければならない。

しかし一方、「夢の懐疑」は不可能でもある。なぜならば、時間における「無関係」（無関係という関係にさえならない無関係）の側面から言うならば、「今」と「次」のつながり（関係）を、「今」の中に組み込むことなど、不可能だからである。つまり、「この今の現実」を後で指示して、「あの現実は実は夢だったのだ」と言えるような時点を、今先取りすることなど、そもそも不可能なのである。

この今と、後の時点とを関係させることができないというのが、時間における「無関係」の側面である。しかも、とりあえず「関係」が切断されるのではない。関係の切断としての無関係ならば、そこには「時間的な隔たり」と「時間的なつながり」の両方があるだろう。しかし、「無関係」（無関係という関係にさえならない無関係）には、「つながり」を持たない「隔たり」だけがある。無関係という隔たりとは、この今の「現実性」と無でさえない未来の「未来性」との絶対的な隔たりである。絶対的な隔たりは、現実と夢との反転（隔たりとつながりの反復）を、不可能にしてしまうので、「夢の懐疑」はそもそも起動しえない。ただし、「夢の懐疑」は、論駁されるのではない。この今の「現実性」が未来と無関係であるために、「夢の懐疑」がそもそも始まらないのである。

時間は、「夢の懐疑」の可能性の条件でもあり、不可能性の条件でもあることが分かった。関係としての時間が「夢の懐疑」を可能にし、無関係としての時間が「夢の懐疑」を不可能にする。しかも、単純に一方で可能、他方で不可能というだけではない。時間の二つの側面は、原-抑圧において、ねじれたすれ違い方をするのだから。無関係としての時間は、関係としての時間を経由することによって、間接的に暗示されるしかなかった。ということは、「夢の懐疑」の不可能性もまた、「夢の懐疑」の可能性を経由することによって、間接的に暗示されるしかないということである。

しかも、そのように間接的にしか示されない「夢の懐疑が起動しないこと」「この今の現実性と未来とは無関係であること」の方が、つまり「夢の懐疑の開始不可能性」と「無関係としての時間」の方が、実は私たちが、もっとも手前で生きてしまっているはずの当のものである。一方、「夢の懐疑の可能性」と「関係としての時間」の方は、その後でようやく訪れる二次的なものである。「無関係としての時間」「夢の懐疑の開始不可能性」

の方が、「関係としての時間」「夢の懐疑の可能性」に、ある意味で先立っている。
無関係（無関係という関係にさえならない無関係）は、関係を経由して遅れてしか表現しえないという意味では、関係の後続者であり、関係に先立って生きられてしまっているはずだという意味では、関係よりも先行者である。このような仕方で、時間の二つの側面は、ねじれたすれ違い方をする。

現在だったことのない過去

ここまで、現在（この今の現実性）と未来（「無」でさえない未来）について、時間の無関係的な側面を読み取ってきた。それでは、過去については、時間の無関係的な側面を見いだすことができるだろうか。

関係としての時間においては、過去とは、かつては未来だったし、現在だった時である。あの何度も使用した用例にも、この点はよく表れている。

「かつて未来であったことが、今は現在であり、やがて過去になる」

過去とは、かつて一度は未来・現在だったことがあるという仕方で、「時間的な隔たり」

と「時間的なつながり」の両方を持っている。しかし、無関係としての時間においては、そうではない。無関係的な過去とは、かつて一度も未来だったこともなければ、現在だったこともないという仕方で、「時間的な隔たり」しかないのでなくてはならない。そんな過去は、どこに見いだせるのか？

ただし、注意しよう。「時間的な隔たり」しかないとは、時間的にものすごく遠く離れた大昔という意味ではない。どんなに昔のことであろうと、かつては未来だったし、現在だったのであれば、そこには「隔たり」と「つながり」の両方が、すなわち「関係」が成立している。したがって、「太古の昔」とは、無関係的な過去ではなく、あくまで関係的な過去である。

無関係的な過去は、これまでの叙述の中ですでに働いていたことを想起しよう。私は、次のように記した。

「夢の懐疑の開始不可能性」と「無関係としての時間」の方が、実は私たちが、もっとも手前で生きてしまっているはずの当のものである。（傍点付加）

無関係（無関係という関係にさえならない無関係）は、（……）関係に先立って生きられてし

まっているはずだという意味では、関係よりも先行者である。（傍点付加）

ここに表れている「手前」性・「先行」性こそが、無関係的な過去に他ならない。それは、つねに「手前」でしかありえない、つねに「先行」しているしかないことによって、始めから過去であり、どこまでも過去であり続ける。無関係は、関係（隔たりとつながり）によってすでに乗り越えられてしまっているものとして、いつもその「乗り越え」以前に位置させられる。つまり、無関係とは、関係的な過去より以前の過去だということである。「もっとも手前で生きてしまっている」「先立って生きられてしまっている」という完了の様相の付加が、「過去よりも以前の過去」性を暗示している[7]。

「夢の懐疑」の可能性がそもそも始まらないことは、そのような意味での「過去」に位置する。どの時点をとってみても、その任意の時点を現在として選び出す操作の中で、「夢の懐疑」の可能性は始まってしまう。任意の時点を現在として選び出すことは、どの時点も現在になりうると考えることであり、それは、各時点

無関係としての時間

1 「無」でさえない未来

2 この今の現実性（**動く「今」の誤解**の項も参照）

3 現在だったことのない過去

を「隔たりとつながり」によって関係させることに他ならない。そのような関係としての時間こそが、「夢の懐疑」を可能にしてしまう。だからこそ、「夢の懐疑」の可能性が始まらないことは、現在になりうるどの時点にも、位置させることができない。そのような(任意の現在とその次の時点という)操作自体に先立つはずの過去にしか、「夢の懐疑」が起動しない状態は、位置づけることができない。

関係と無関係とのねじれたすれ違いの中で、無関係的な過去を示そうとするならば、以上のように、「過去でしかありえない過去」「現在だったことのない過去」「いつも手前であり、つねに先立っているしかない過去」という表現を通して、間接的に暗示するしかない。無関係としての時間を、関係としての時間から間接的に透かし見てきたわけだが、その中でふれた三つの点を、前頁の表で確認しておこう。

第四の形而上学的な立場をふり返る

ここまで、マクタガートともA系列論者ともB系列論者とも異なる、第四の形而上学的な立場を、叙述してきた。いくつかの点をふり返りながら、その立場がどのようなことを含意するのかを確認しておこう。

この第四の形而上学的な立場は、「関係の側面」と「無関係の側面」という区分を、時間についてもっとも基本的なものと考える。これは、マクタガートがA系列とB系列の区別を基本とすることに対応するような「出発点」である。A系列とB系列については、そのあいだの依存関係や優位性が、様々な仕方で問題になった。一方、「関係の側面」と「無関係の側面」については、両者は「ねじれた仕方ですれ違う」というのが特徴である。「無関係の側面」は、無関係という関係を介して、「関係の側面」へと回収されつつ、しかし無関係という関係でさえない無関係として、間接的に透かし見られる。と同時に、「無関係の側面」は、「関係の側面」に先立って生きられてしまっているはずのものでもある。

第四の形而上学的な立場は、「関係の側面」と「無関係の側面」の内実を、次のように描いてきた。

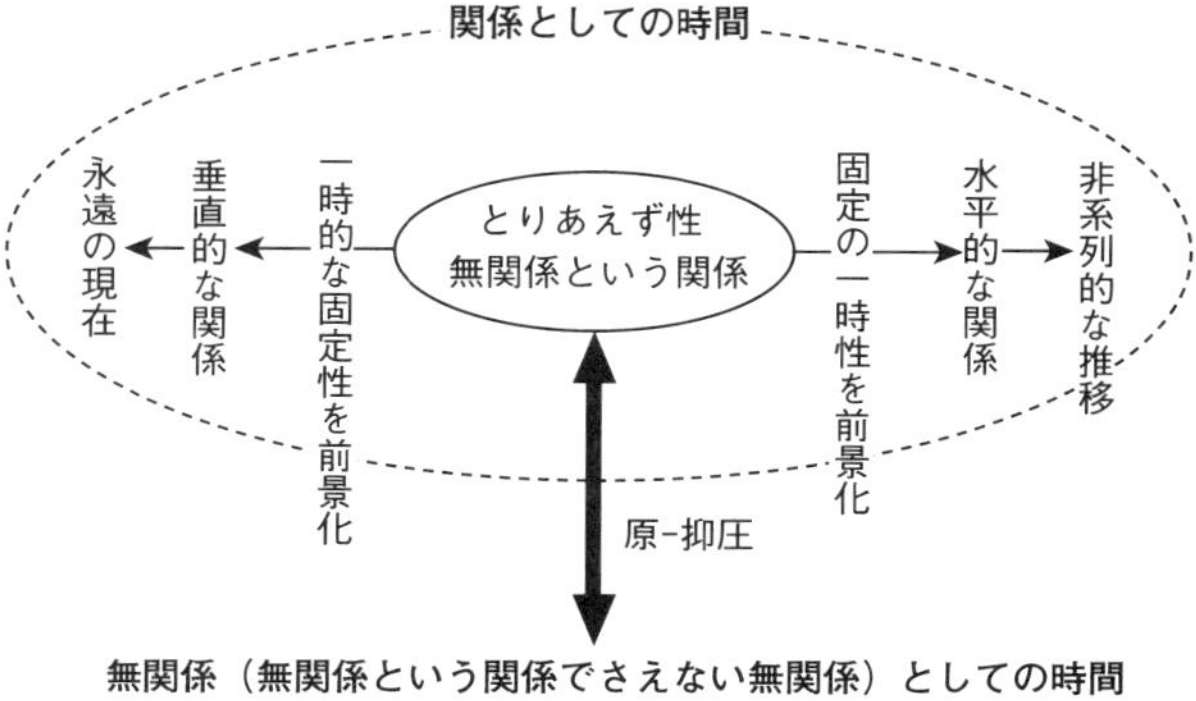

「無」でさえない未来・複数ではありえないこの今の現実性・現在だったことのない過去

図37

「関係の側面」のコアの部分に、「そのつど性」・「とりあえず性」がある。それは、切り離すことがつなぐことになるような、無関係という関係であると言い換えてもよい。この「そのつど性」・「とりあえず性」によって、時制的な観点と無時制的な観点がそのつど分割され、一方が他方をとりあえず包摂する。そして、二つの観点がとりあえず互いを包み込み合うことの反復が、「である」を介して連鎖し、ひとつながりの時間の表象を構成していく。このメカニズムは、「そのつど性」・「とりあえず性」・「無関係という関係性」が抑圧されて、関係（つながり）が前景化するプロセスである。「とりあえず性」に含まれる「固定の一時性」が抑圧されることによって、無時制的な観点（B系列的な時間）が、垂直的な関係として前景化する。一方、「とりあえず性」に含まれる「一時的な固定性」が抑圧されることによって、時制的な観点（A系列的な時間）が、水平的な関係として前景化する。

「とりあえず性」の抑圧によって前景化する「垂直的な関係」と「水平的な関係」を、それぞれの方向で徹底すると（抑圧を完璧なものにしようとすると）、二種類の極限が導かれる。「垂直的な関係」の極限が「永遠の現在」であり、「水平的な関係」の極限が「非系列的な推移」であった。この両者が、「関係としての時間」のリミットである。

「無関係の側面」は、「とりあえず性」に含まれる原-抑圧によって、隠蔽されざるをえない側面である。つまり、切り離すことがつなぐことになるような「無関係という関係」によって抑圧されてしまうのが、「無関係という関係でさえない無関係の側面」である。「無関係としての時間」の内実は、「無」でさえない未来・複数ではありえないこの今の現実性・現在だったことのない過去であり、その絶対的な隔たりである。過去・現在・未来という A 系列的な時間には、実は関係的な側面だけではなく、無関係的な側面が重ね描きされていたことになる。ただし、無関係的な側面は、関係的な側面から間接的に透かし見られるとはいっても、関係的な側面の極限でさえ及ばないものであること、さらにそのような極限としてさえ設定不可能な「無関係」を、私たちはすでに生きてしまっているはずだ、ということを思い出しておこう。

過去と未来の区別がなくなっていく

このような第四の形而上学的な立場に基づくと、困ったこと（？）が帰結するように思われる。それは、過去と未来の区別がなくなっていくという点である。

もちろん、通常の意味での過去と未来の区別がなくなるわけではない。区別があるどころか、ブロードの考え方にも表れているように、過去と未来は異質であり、非対称的である。関係としての時間の中の、A 系列的な時間の範囲では、そうだと思う。

また、過去と未来の区別がなくなっていくといっても、B系列的な意味での各時点の平等性を考えているのでもない。無時制的な観点からは、過去であっても未来であっても、(トークンを含む)出来事どうしの関係として捉えられて、両者が等質的なものとして扱われるのは、ある意味で当然のことである。

しかし、ここで問題にしている「過去と未来の区別がなくなっていく」というのは、そういうことではない。関係としての時間の極限において、そして無関係としての時間においては、過去と未来の区別は、別の仕方で消えていくということである。

関係としての時間の極限においては、そのことは明らかだろう。なぜならば、関係としての時間の極限は、「永遠の現在」と「非系列的な推移」だからである。永遠の現在は、水平的な関係である過去-現在-未来を、垂直方向に超え出るものなのだから、そもそもそこでは過去と未来の区別は意味を持たない。一方、非系列的な推移には、時制的な区別がなかった。正確に言えば、時制的な区別を持たせることは可能だが、それをはみ出してしまうのが、非系列的な推移であった。そのように時制的な区別を無化してしまう「なる」という推移においては、過去と未来の区別も意味を持たなくなってしまう。関係としての時間は、過去と未来の区別や非対称性を、もともと自らの一側面として含んでいたはずなのに、その極限においては、当の過去と未来の区別は無意味になる。

無関係としての時間においても、過去と未来の区別は、やはり意味を持たなくなっていく。ブロード的な「無としての未来」ならば、過去と未来の違いは、あまりにも大きい。過去は存在の蓄積であり、未来はその存在がまだ生じていない「無」であるのだから。しかし、「無」でさえない未来においては、事情がまったく違う。「無」でさえないというのは、存在と無という対比さえ意味を持たないということなのだから、もはや存在の蓄積としての過去と対比して、両者の非対称性を語ることはできない。

それでは、「無」でさえない未来は、現在だったことのない過去と対比することはできるだろうか？　いや、その両者も、通常の過去と未来のようには、対比できる関係にはない。その理由は、以下のとおりである。

現在だったことのない過去とは、無関係が関係に対して持つ、特殊な「以前性」に他ならなかった。すなわち、無関係は、関係（隔たりとつながり）によってすでに乗り越えられてしまっているものとして、いつもその「乗り越え」以前に位置させられる。この「以前」が、「現在だったことのない過去」である。ということは、「無」でさえない未来もまた、この意味での過去性を帯びている。未来が過去性を持っているのである。なぜならば、「無」でさえない未来もまた、「無」としての未来や過去化した未来によってすでに乗り越えられてしまっているものとして、いつもその「乗り越え」以前に位置させられるしかないからである。その「以前性」によって、未来もまた過去性を持つ。

　その逆も言える。つまり、現在だったことのない過去は、「無」でさえない未来と同じ未来性を帯びている。過去が未来性を持っているのである。「無」でさえない未来の未来性とは、通常の意味での未来が「まだ無い」のに対して、その「無さ」以上に無いことであった。現在だったことのない過去もまた、普通の意味での過去が「すでに無い」のに対して、その「無さ」以上に無い。その「無い以上に無い」ことによって、過去もまた未来性を持つ。

　こうして、「無」でさえない未来と、現在だったことのない過去とは、区別がつかなくなっていく。両者とも、特殊な「以前性」と「無い以上の無さ」において、一致する[8]。「無」でさえない未来と現在だったことのない過去というように、字面の上で「未来」と「過去」という区別がついているのは、あくまでA系列的な時間の範囲内の区別を使って、無関係としての時間を「間接的に透かし見る」という方法をとっているからにすぎないだろう。その「未来」と「過去」との違いは、あくまでも関係としての時間内のものであって、無関係としての時間における違いではない。

　以上のように、第四の形而上学的な立場では、その立場の重要な意味において、過去と未来の区別がなくなっていく。これは、困ったことなのだろうか？　一つの可能性としては、それは困ったことであって、まさに第四の形而上学的な立場の「歪み」や「欠点」を表している、と考える選択肢があるだろう。もう一つの可能性としては、過去と未来の区別がなくなっていくのは、別に困ったことではないし、むしろ望ましい含意かもしれない、と考える選択肢があるだろう。この可能性は、開いたままにしておきたい。しかし私は、後者のように考える可能性へと少しだけ傾いている。

矛盾再説

さて、第四の形而上学的な立場から、時間についての「矛盾」の問題を、ふり返っておこう。マクタガートが証明しようとした時間についての「矛盾」の問題は、マクタガート自身においてよりも、むしろ第四の形而上学的な立場においてこそ、形を変えて、あるいはバージョンアップした形で残存していると思う。

まず、マクタガートが論じた「矛盾」について、私は以下のような診断を下した。

1.「矛盾」は、巧妙に持ち込まれているだけで、証明されてはいない。そして、「始めに矛盾ありき」にしても「どこまでも矛盾なし」にしても、どちらとも根拠なく独断的に設定するしかない。

2.「矛盾」の実相は、「時制的な観点の外に立ち、かつ時制的な観点の内に留まらなければならない」「時制的な観点が無時制的な観点を包み込み、かつ無時制的な観点が時制的な観点を包み込まなければならない」というものである。

3.マクタガートは、この「矛盾」の実相を、実は主張することができない。なぜならば、「矛盾」の実相は、A系列的な観点とB系列的な観点とのあいだの決定不能性に基づいているが、マクタガートは、A系列的な観点の優位性を決定してしまっているからである。

ひとことで言えば、マクタガートは、「矛盾」を重大視しながらも、適切には扱えていなかったということである。

一方、第四の形而上学的な立場では、「矛盾」とその発生源としての「二つの観点の決定不能性」を、関係としての時間のコアの部分へと位置づけた。次のように。

第一に、時制的な観点(A系列的な観点)と無時制的な観点(B系列的な観点)との包み込み合いと、その反復の連鎖が、ひとつながりの時間の表象を作り出していくという意味において、である。この点では、「二つの観点の決定不能性」がひとつながりの時間にとって、本質的なものである。どちらの観点が最終的に優位であるかなどは、決定できないということが、時間にとってきわめて重要だということである。ただし、この決定不能性だけからは、まだ「矛盾」は発生しない。

第二に、関係としての時間のコアの部分には、「つなげる」だけでなく、「切り離す」「押しとどめる」という作用も含まれていたことを、思い出そう。ひとつながりのはずの時間も、途中で不意に切断され、そこで一時的に固定されうる。この一時的な固定の相においては、決定不能な二つの観点の反転も、まるで決定不能なまま凍結してしまうかのように見える。つまり、「矛盾」という静止相が現れる。こうして「時制的な観点の外に立ち、かつ時制的な観点の内に留まらなければならない」「時制的な観点が無時制的な観点を包み込み、かつ無時制的な観点が時制的な観点を包み込まなければならない」という事態になる（もちろん、この「矛盾」という静止相は、次にはすぐに、決定不能な反転へと差し戻されて、「矛盾」ではなくなるのだが）。

この二点を合わせたものこそが、関係としての時間のコアである「とりあえず性」に他ならない。とりあえず矛盾する、とりあえず矛盾しない……。これが、関係としての時間の原初的な姿なのである。

もう一つ、無関係としての時間における「矛盾」の問題がある。しかし、もう多言を要しないだろう。「無関係という関係でさえない無関係」というあり方自体が、矛盾を組み込みつつ、それを解除していくあり方なのは、すでに明らかなのではないだろうか。言い換えれば、「関係としての時間」と「無関係としての時間」という時間の基本的な二つの相どうしが、矛盾を利用することによって、ねじれたすれ違いを遂行しているのである。

マクタガートとはかなり違った意味においてではあるが、「矛盾」が、時間の最深部においてかなり重要な要因であることが、これまでの考察から浮かび上がったと思う。少なくとも、第四の形而上学的な立場においては、そうであることが分かった。

最後に、こう問おう。それでは、第四の形而上学的な立場においては、「時間は実在するか」という問いは、結局どのように答えられることになるのか。

「時間は実在するか」という問い

まず、「実在(reality)」という概念には、複数の意味・側面が輻輳していたことを、もう一度確認しておこう。

(1)本物性：みかけ(仮象)ではない「ほんとうの姿」であるもの

(2)独立性：心の働きに依存しない、それから独立した「それ自体であるもの」
(3)全体性：「ありとあらゆるものごとを含む全体」、あるいは「その全体が一挙に成り立っていること」
(4)無矛盾性：矛盾を含まない整合的なもの
(5)現実性：ありありとした（いきいきとした）現実感が伴っているもの

マクタガートの証明の中では、(4)は証明の隠れた前提として働き、(3)は証明の背景（主著『存在の本性』から読み取れるもの）として働き、証明の結論としては(1)の意味での「実在」が前面に出て、そこから時間が排除されていた。また、論文の中の「体験される時間」を論じた箇所からは、(2)に即して客観的な実在が考えられていること、そして(5)の意味での実在は主観的な体験へと矮小化される傾向があること、を読み取ることができた。以上のように、マクタガートの「実在」概念は、(1)〜(5)のすべての意味・側面へと何らかの仕方で及んでいる。ただ、そもそも(1)〜(5)のすべての意味・側面が、同時に安定的に成り立つものであるかどうかは、怪しかったことも思い出しておこう。それでも、マクタガートは、「時間は実在しない」という解答を与えていた。

第四の形而上学的な立場は、これとは違う解答を与える。あらかじめ、ひとことでその解答を述べるならば、「時間は実在するかという問いは、失効する」である。

第一に、(3)と(4)の意味での「実在」概念を、関係としての時間・無関係としての時間は、すり抜けてしまう。なぜならば、「全体」という意味での実在は、関係としての時間においては、とりあえずの全体としては成り立つし、またその「とりあえず性」によって、全体は破棄されもするからである。あるいは、関係としての時間の極限では、「永遠の現在」という特殊な形で、全体性は保持されてもいるし、「非系列的な推移」という流動性においては、全体性は無効でもある。

矛盾は、時間の最深部においてかなり重要な要因であった。ただしそれは、とりあえず矛盾する、とりあえず矛盾しない……という形においてである。しかも、時間における関係の相と無関係の相とのあいだでの、矛盾的なねじれたすれ違いこそが、時間の表象を紡ぎ出していくと考えるのが、第四の形而上学的な立場である。ということは、「時間は、矛盾するゆえに実在しない。あるいは、実在し無矛盾である」という発想そのものが、その立場では放棄されている。

第二に、(2)と(5)の意味での「実在」概念についても、同様のことが言える。関係としての時間は、主観的な体験／客観的なものという分割・区別そのものを、そのつど立ち上げ、反復し連鎖させていく。時制的な観点と無時制的な観点の分割と包み込み合い、そしてその反復と連鎖が、それに相当する[9]。ということは、関係としての時間が、主観的な体験にすぎないのか、客観的なものなのかという問いは、的はずれだということになる。その分割・区別を与えているものこそが、むしろ関係としての時間なのだから。

(2)が言わんとするような、心の働きに依存しない独立した「それ自体であるもの」と、(5)が（不十分な形で）表している現実性。その二つは、無関係としての時間こそが提供する。説明しよう。

無関係としての時間における特殊な「以前性」と「無い以上に無いこと」。あるいは「現在だったことのない過去」の過去性と「『無』でさえない未来」の未来性。これこそが、心の働きが及びようのない、私たちからは徹底的に独立した「それ自体あるもの」(2)の意味の実在性）の原型を与えてくれる。これほど到達不可能なものは、他にはないだろう。なにしろ、極限（永遠の現在と非系列的な推移）の到達不可能性よりも、さらにもっと到達不可能なものが、「無関係」なのだから。つまり、「無関係という関係でさえない無関係」こそが、関係からの独立性がもっとも大きく、「それ自体性」がもっとも際立った相に他ならない。「無関係」こそが、私たちのどんな心の働きからも独立であり、「それ自体性」を持っている。ただし、「それ自体あるもの」という言い方は、不十分である。むしろ、「ある／ない」という対比の一項として位置づけることが不適切であるような、そんな「無関係それ自体」である[10]。

(5)が不十分なのは、現実性が現実感に矮小化されているからである。現実化している現実性は、体験や感じに還元することはできない。現実化している現実性とは、この今の現実性である。それは、複数性が意味を持たないし、動いているのでも、止まっているのでもない唯一の現実性であった。この現実化している現実性も、関係としての時間の中には位置づけることができない（すなわち時間の無関係的な側面である）。

この意味（(2)独立性と(5)現実性）に限定して言うならば、無関係としての時間（現在だったことのない過去・この今の現実性・「無」でさえない未来）こそが、「実在」であると言えなくもない。

第三に、(1)の意味での「実在」概念については、次のように考えるべきである。本物（実在）と見かけ（仮象）の区別は、一本の単純な線によってなされるのではない。むしろ、関係としての時間・無関係としての時間の中で、両者の区別・線引きは、多層的に遂行される。

関係としての時間においては、まず、時制的な観点と無時制的な観点のあいだで、どちらが本物でどちらが仮象であるかの包み込み合い（優先権争い）が起こる。そこでは、本物／仮象の区別は、反転する。反転し続けることが、ひとつながりの時間の表象を生み出していく。

さらに、そのレベルでの本物／仮象の反転そのものを、むしろ仮象であると位置づけて、極限（永遠の現在あるいは非系列的な推移）こそが本物であると区別するレベルがある。さらに加えて、極限を含めた関係としての時間そのものを、むしろ仮象であると位置づけて、無関係としての時間こそが本物であると線引きをするレベルも考えられる。その本物（実在）のレベルこそが、⑵独立性と⑸現実性の意味がもっとも極まった「実在」でもある……と続く（かもしれない）。

こうして、本物（ほんとうの姿）としての「実在」は、むしろ時間によってこそ、厚みを増していく。ここでもまた、時間は本物（実在）であるか見かけ（仮象）であるかという単純な問いには、意味がなくなっている。むしろ、関係としての時間・無関係としての時間をとおして、本物（実在）と見かけ（仮象）の区別・分割が多層的に遂行され、その区別・分割は多重化する。

⑴〜⑸のどの意味においても、「時間は実在するか」という問いは、関係としての時間・無関係としての時間に対しては、うまく機能しない。あるいは、⑴〜⑸のあいだで統一がとれた解答が与えられるわけではない。ゆえに、「時間は実在するか」という問いは、⑴〜⑸のどの意味においても、失効する。その問いの答えがYesでもNoでもなく、むしろ効

力を失ってしまう場こそが、時間という問題にとってはふさわしい。すなわち、時間は実在するとしても、それは、(1)〜(5)という実在の意味をすり抜けてしまうあり方において、である[11]。

注

はじめに

1　なぜ名前に二回もMcTaggartが出てくるのか、と疑問に思う人もいるだろう。理由は、以下の通り。John McTaggart Ellisは、いとこどうしであった両親Francis EllisとCaroline Ellisの長男として、一八六六年九月三日にロンドンで生まれた。母方の大おじ（grand uncle）であるJohn McTaggart卿の遺産を相続するための条件として、Ellis家は、McTaggartを姓として受け継いだ。そのため、John McTaggart Ellisは、John McTaggart Ellis McTaggartとなった。Gerald Rochelle, *The life and philosophy of J. McT. E. McTaggart, 1866-1925*, Edwin. Mellen Press, 1991参照。ちなみに、McTaggartの英語の発音は、「まくたがーと」に近い。

第一章

1　以下、本書で扱う「実在」の複数の意味の順序は、マクタガートの時間論を論じるための便宜的な整理であって、歴史的な順序や展開とは関係がないし、網羅的なものでもない。

2　正確には、飛ぶ矢のパラドックスは、「多」数性を認めて「運動」を分析すると、「運動」が不可能になるという不合理に陥ることを教えている。ゼノンは、こう言いたかったのだろう。「だから、『多』数性は認められない。パルメニデス先生のおっしゃるとおり、『一』こそが世界の真なる姿である」と。

3　この比喩には、隠蔽されているものがある。それは、映写機のリールの「運動」である。スクリーン上の「動き」は見かけの仮象であり、静止画像の連なりがほんとうの姿だとしても、その「ほんとうの姿」から「見かけの仮象」を作り出しているものは、映写機のリールの「運動」なのである。その「運動」は、仮象と実在という最初の対比に入ってこないが、その対比を外から可能にしているものである。そうすると、むしろその種の「運動」—イメージとしても、イメージと区別される本体としても現れない外部の運動—こそが、ほんとうの実在ではないか……という方向の考えもありうる。私自身は、「実在／仮象」の対は、一層ではなく多層を構成すると考えている。この点については、第五章の一番最後で、もう一度ふれる。

4 以下、アリストテレスについては、『アリストテレス全集3』自然学（岩波書店）を参照。なお、「飛ぶ矢のパラドックス」等のさらなる問題については、小川弘『時間と運動—コスモロジーの構図』（お茶の水書房、一九八六年）における、「点」と「末端」とを区別する議論が、参照されるべきである。「末端」は、「長さ」の端として「長さ」の一部分でありながら、「脱・長さ性（一つ性）」を「点」と共有する。この「末端」の二重性という小川の議論は、示唆に富んでいる。

5 以下、ナーガールジュナの引用については、中村元『人類の知的遺産 ナーガルジュナ』（講談社、一九八〇年）より引用。なお現在では、中村元『龍樹』（講談社学術文庫、二〇〇二年）として復刊されている。三枝充悳訳注『中論』（第三文明社レグルス文庫、一九八四年）も参照した。

6 この点は、第五章で論じる「無関係としての時間」につながる問題点である。

7 しかし、「現在」という主体と「去る」という作用・働きは一つであって、「現在」とはすなわち「去りつつある」ことに他ならず、「去りつつある」ことがそのまま「現在」なのである、と考えてもいけない。ナーガールジュナは、両者が「別体」であることも「一体」であることもともに否定する。

8　この箇所には、解釈上の問題がある。運動の「数」を、「今」による分節化ではなく、運動の期間（一時間とか一日とか）とする解釈もある。この二つの解釈が、必ずしも背反的であるとは思わないが、この点については立ち入らないでおく。土屋賢二『猫とロボットとモーツァルト』（勁草書房、一九九八年）「四・時間とは何か―プラトンとアリストテレスの時間概念」参照。

9　以下、アウグスティヌスについては、『告白』（岩波文庫）、特に第十一巻を参照。

10　この論法からは、ほんとうは次のように考えるべきであると、私は思う。「現在」は、どんな幅でも持つことができる。一日を一つの「現在」と考えることもできれば、一年を一つの「現在」と考えることもできるし、百年をひとまとまりの「現在」と考えることもできる。小さい単位の方へと分割するアウグスティヌスの論法は、大きい単位の方へと総合することも同時に可能にしている。それは、「現在」が、その「幅」においては伸縮自在なものであることを表しており、「現在は幅を持たない」ということを、点的な「瞬間」として表象することがミスリーディングであることを教えている。

11　『中論』第十九章・時の考察（「観時品第十九」）の最後は、次のように続いている。しかし、この箇所は、それまでの過去・現在・未来の三区分そのものを扱うのではなく、時とものごと（事象）との依存関係と、ものごと（事象）の実体性の否定とから、時の実体性を否定するという論証になっている点で、異なっている。

　六　もしも、なんらかのものに縁って時間があるのであるならば、そのものが無いのにどうして時間があろうか。しかるに、いかなるものも存在しない。どうして時間があるであろうか。

12　山田孝雄『日本文法論』には、ドイツのヴントやアメリカのW・ジェイムスらの心理学・哲学の影響が見られる。それは、時間を意識の流れとして捉えるという発想である。また、マクタガートも、「時間の非実在性」論文で、「見かけの現在（specious present）」について検討している。もちろん、「見かけの現在（specious present）」とは、W・ジェイムスの基本概念である。この点に注目するならば、マクタガートと山田孝雄は、W・ジェイムスという「背景」において、知らないところでつながっていたとも言える。

13　山田孝雄『日本文法論』（寶文館、明治四十一年）の四一六〜四二〇頁。表記は一部改めてある。

第二章

1　時間が、直線的ではなく円環的に表象されると、「より前」「より後」が局所的には推移的な関係でありながら、全体としては推移的な関係ではないということもありうる。対称的な関係についても同様。

2　久松文雄原作／TCJ製作「スーパージェッター」（1965.01〜1966.01）

3　マクタガートの証明を解説するために、本書では、基本的には論文「時間の非実在性」に依拠するが、適宜マクタガートの主著『存在の本性』第二巻・第五部・第三十三章（*The Nature of Existence*, Vol. 2, Book V, Chapter XXXIII, Cambridge University Press）も利用した。また、*J. McT. Ellis McTaggart Philosophical Studies*（Thoemmes Press）所収のマクタガートの諸論文も参照している。

たとえば、以下の「時間と変化についてのラッセルの見解」についての検討箇所は、論文にはなく、主著で追加されたものである。論文と主著の異同・改訂について精査する作業は必要であろうが、本書の性格上その点にはこだわらず、読者の理解を助けると考えられる場合は、論文／主著の区別なく利用した。

第三章

1　*J. McT. Ellis McTaggart Philosophical Studies*（Thoemmes Press）所収の“The Relation of Time and Eternity”を参照。

2　A特性が「関係」であるとすると、次のようになる。「出来事Eは未来である」とは、「出来事Eと、あるXとのあいだの〜という関係」であり、「出来事Eは現在である」とは、「出来事Eと、あるXとのあいだの〜という関係」であり、「出来事Eは過去である」とは、「出来事Eと、あるXとのあいだの〜という関係」である。「X」とは何なのか、「〜」とはどのような関係なのかに答えることは難しい。

まず「X」の候補として考えられるのは、「出来事Eは……」と発話している（書いている・意識している）という、もう一つの（出来事Eとはちがう）出来事かもしれない。つまり、出来事Eが一つ目の出来事、「出来事Eは……」という発話や意識が起こっているという出来事が二つ目の出来事で、その二つの出来事のあいだの「前後関係」こそが、A特性なのだ、という考え方である。たとえば、出来事Eが、出来事Eについての発話や意識という出来事「より前」である場合が、「出来事Eは過去である」ということなのだ、というように考える（第二章で言及したラッセルの考え方や、第四章で述べるトークン反射的な分析を参照）。

しかし、この考え方（A特性を、出来事と出来事との前後関係と捉える考え方）は、いろいろな難点を含んでいる。マクタガートの見解に基づけば、A特性によってこそ、B特性は説明されなければならない。それにもかかわらず、その考え方では、逆に、B特性（前後関係）によって、A特性が説明されてしまっている。そして、出来事と出来事との前後関係は、変化することのない永続的な関係なのだから、それによって、A特性が表すような「変化」を説明することなどできない。マクタガートは、そう考える。

それでは、「X」の候補として、他に何が考えられるのだろうか。「X」を何らかの出来事であると考えてしまうと、「出来事と出来事との不変的な関係」になってしまうので、その「関係」では、「変化」を説明できない。だからこそ、マクタガートは、「X」の候補を、時間系列外の何ものかと考える（出来事や時点は、時間系列の内にある）。そのような時間系列の外からやってきて、時間系列内の出来事Eと関係を取り結ぶ「X」とは、いったい何ものなのか？

わずかに言えることがあるとすれば、「X」の候補とは、特権的な現在性、つまり「このまさに今」の現実性を成り立たせている何ものか……、そのくらいである。マクタガート自身も、答えを与えてはいない。しかし、「X」が何ものであるかはおいておくとしても、マクタガートは、A特性をこの種の「（Xと出来事との）関係」として考えている。

一方、A特性が、「性質」であるとすると、次のようになる。

その「性質」を、「未来性」という性質、「現在性」という性質、「過去性」という性質と呼んでおこう。その場合、これらの性質を持っているのは、出来事Eそのものではない、とマクタガートは考える。出来事Eそのものではなくて、出来事Eを予期・期待しているということが「未来性」という性質を持ち、出来事Eを体験しているということが「現在性」という性質を持ち、出来事Eを思い出すということが「過去性」という性質を持つのだ、とマクタガートは考える。

そうすると、予期・期待という出来事、実際に体験するという出来事、思い出すという出来事、これらの別個の出来事が、それぞれ「未来性」「現在性」「過去性」という性質を別々に持っている、ということにすぎなくなる。これでは、「（一つの出来事が）第一の性質を第二の性質へ、第二の性質を第三の性質へと絶えず変化させ続けている」という点、つまり「変化」という点は、説明されえない。たとえば、予期・期待という出来事についても、「未来性」が「現在性」へ、さらに「過去性」へと絶えず性質を変えていくのでなければ、「変化」にはならない。このように考えて、マクタガートは、A特性を「性質」と考える方の選択肢を退け、A特性を「関係」と考える選択肢を採用する。

しかし、「証明」の本筋には、A特性が「関係」であるか「性質」であるかは、大きく影響はしない。どちらにしても、A特性が「矛盾」を含んでいるということこそが、大問題なのだと、マクタガートは考える。

3　精神（spirit）の内容である知覚（perceptions）が、その誤りの度合いに応じて、包み込み／包み込まれるという系列を構成する。この系列は、無時間的なC系列である。しかしそれが、「より前」「より後」というB系列として、見かけ上現れる。『存在の本性』のC系列に関する箇所（Chapter XLV - Chapter XLIX など）を参照。

第四章

1　「この今」の特権性にかかわる問題については、永井均の独〈今〉論が参照されるべきである。たとえば、永井均『〈子ども〉のための哲学』（講談社現代新書、一九九六年）や『転校生とブラック・ジャック―独在性をめぐるセミナー』（岩波書店、二〇〇一年）等を参照。

2　この第三の何かとしての「現実性」は、アクチュアリティ（actuality）と呼んだ方がいいだろう。ただし、それが単なる主観的な体験や実感や感覚ではないことに、注意すべきである。この点に、「実在」についての(5)の意味―ありありとした（いきいきとした）現実感という派生的意味―の問題が、関わってくる。

3　「がある」は、「Sがある、Sが存在する」という存在の判断を、「である」は、「Sはかくかくしかじかである、Sはこれこれの特徴を持っている」という特徴づけの判断を構成する。それに対して、「なる」は、「Sが誕生する、Sが存在するようになる」という生成の判断を構成する。そして、「ある」が、「(S)がある」と「(SはP)である」の両義へとまたがっているように、「なる」もまた、「(S)がなる(＝Sが存在するようになる)」と「(SがP)になる」の両義へとまたがっている。ブロードが「無からの生成」として重要視するのは、「(S)がなる(＝Sが存在するようになる)」である(C. D. Broad, *Scientific Thought*, Routledge, 1923／Thoemmes Press, 1993 (reprint), Chapter II 参照)。

4　もちろんブロードも、未来言明が指示する対象はまったく存在していないという側面(まったくの無としての未来)と、それでも未来言明は、(無について語っている／何にも語らないのではなくて)何かについて語っているという側面(有としての未来の側面)の両方を考えている。未来言明が何について語っているのかについて、ブロードは、(1)何らかの特性(characteristic)と(2)生成(becoming)であると答えている。「明日雨が降る」の例で言えば、この未来言明は、「未来の特定の雨降り」というまったく無いことに言及しているのでなくて(そんなことは不可能である)、一般的な「雨性」のような「特性」と、これまでにない新たなことが加わる変化(＝生成)とを主張する。そのように、ブロードは分析している。「未来」の問題についての私の見解は、第五章を参照。

5　本書では、A系列論者とB系列論者として、特定の論者を念頭に置かず、典型的なパターンとしての論者を、比較的にラフにそして自由に描くことにしたい。あくまでも、私自身の論を提示するために再構成されたA系列論者・B系列論者である。実際には、A系列論者・B系列論者のそれぞれに分類される論者は多数いるし、しかも論者どうしの細かな差異も多様である。その中でも、A系列論者としては、George

Schlesinger, Quentin Smith, B系列論者としては、D. H. Mellor, L. Nathan Oaklanderが、まず参照されるべきだろう。文献案内にもあげたL. Nathan OaklanderとQuentin Smithの編集による*The New Theory of Time* (1994, Yale University Press) 参照。

6 「トークン（token）」は、「タイプ（type）」と対で使う用語である。タイプが、記号表現の「一般的・普遍的な側面」を表すのに対して、トークンは、記号表現が実際に使われることによって生じる「時空内の個別的な出来事の側面」を表す。

7 マクタガート自身の議論中では、仮想敵ラッセルによる分析が、トークン反射的な分析であった（本書第二章八五〜八八頁参照）。トークン反射的な分析を精緻に行った議論としては、たとえばD. H. Mellor, *Real Time*, Cambridge University Press, 1981. D. H. Mellor, *Real Time II*, Routledge, 1998を参照。なお、トークン反射的な分析は、ライヘンバッハの*Elements of Symbolic Logic*, Free Press, 1947（『記号論理学の原理』石本新訳、大修館書店、一九八二年）の§50で、すでに行われている。ちなみに、それに続く§51では、動詞の時制の分析が行われている。

8 もちろん、次のような可能性は、まだ残っている。すなわち、「拡張されたA系列の規定」には、B系列がすでに浸透しているとしても、「A系列の最小限の規定」は、B系列からは独立である、という可能性である。しかし、第五章で述べるように、A系列を「最小限の規定」へと切りつめ、B系列から完全に独立させる方向とは、実は、A系列を「非系列化」することであり、系列の果ての「推移」へと接近することではないか、と私は考えている。

第五章

1　「とりあえずの全体」は、たとえば、郡司ペギオ‐幸夫著『生成する生命：生命理論Ⅰ』（叢書生命の哲学、哲学書房、二〇〇二年）における「弱い全体」や、茂木健一郎の「プチ神の視点」（二〇〇二年六月二十二日の山口大学・時間学研究所セミナーでの発言）と類縁の問題を含む概念であると思われる。

2　表現する行為の方もまた、「今現在であり」の、その「現在」に飲み込まれているではないか、という反論があるかもしれない。しかし、第一に、表現する行為の方は、（結局は一つのトークン〔出来事〕ではあっても）とりあえずは、出来事（かつて未来であったと言われるその「こと」）と並列するのではない仕方で、つまり背景に退いて、透明に働く。第二に、表現行為というトークンは、「（まさに今という）現実性」を「現在」に重ねているのである。そして、「（まさに今という）現実性」は、「変化」「動き」の中にはない。つまり、「（まさに今という）現実性」は、未来であったり、過去になることはありえない。このどちらの意味においても、表現行為の方は、表現される出来事のようには、「変化」「動き」の中に、飲み込まれていない。

3　「かつては未来だったことが、今は現在であり、これから過去になる」という例文でもかまわないのだが、この例文では、「になる」という表現に、すでに推移変化が刷り込まれている。そのため、「A特性を表す三つの表現」と「その表現の『あいだ』における『なる』という推移」との区別を明示化するのには、いささか使いにくい。したがって、「いずれは過去だろう」という表現を使用した。

4　マクタガートの論文「時間の非実在性」においてそうだからというのが主な理由なのだが、本書の時間（関係としての時間）の考察からは、因果関係についての議論が抜け落ちている。因果の問題に関しては、一ノ瀬正樹の「因果的超越」という魅力的な概念が参照されるべきである。一ノ瀬正樹『原因と結果の迷宮』（勁草書房、二〇〇一年）。

5　「とりあえず」という表現は、語源から現代的な用法までたどるならば、瞬間性（性急さ）と持続性（リラックス感）の両方を取り込んだ表現であることも分かる。

「とりあえず」は、「取るものも取り敢えず」（取るべきものを取ることがまっとうできず）に由来するらしい。白石大二編『国語慣用句大辞典』によると、「取りあえず」は、①取る物も取らないで。取るべき物も取らないで。②何をするひまもない、すぐにする、早速にするたとえ。③急いでする、何をさて置いてもするたとえ、と説明されている。ここから「とりあえず」には、「急に、突然に」という瞬間性（性急さ）の意味合いが含まれていることが分かる。実際、『大鏡』（道長）に「あさましく夢などのやうにとりあへずならせ給ひにし、これはあるべきことかはな」（傍点は引用者）という用例で、「突然、急に」の意味での使い方が見いだせる（大野晋他編『岩波古語辞典』を参照）。

一方、「とりあえず、ビール」（注文する場面で）や、「とりあえず、そういうことにしておきましょう」などでは、性急さは背後に退いて、むしろ「最終的な決定ではないけれども、特に急ぐ必要もないし、そのままの状態にしておいて、くつろいだり和んだりしましょう」というような「リラックス感」のニュアンスが、前景化する。このように、「とりあえず」は、変化と固定性の交点であると同時に、瞬間性（性急さ）と持続性（リラックス感）の交点でもある。

6　「原-抑圧（Urverdrängung）」は、もともとはフロイトの用語である。ここでは、「とりあえず性」が反復の連鎖によって「抑圧」されることに先立つ、もっと根源的な「とりあえず性」自身の「抑圧」という意味で使用している。

7　もちろん、ここでの「以前」がB系列的な関係ではなく、関係と無関係のあいだの特殊な関係であることは、言うまでもないだろう。なお、すでにE・レヴィナスの著作に「かつて一度も現在になったことのない過去」という考え方が提示されている。しかし、私のここでの論述は、レヴィナスに学んだものではないので、その異同については今後の考察課題としたい。

8　特殊な「以前性」、「ない以上のなさ」については、拙著『相対主義の極北』（春秋社、二〇〇一年）の第7章も参照。

9　主観的な体験／客観的なものという分割・区別にとって、（いくつかの意味での）「現在」の反復と連鎖が、重要な役割を果たしていると思われる。たとえば、注2で述べたように、表現行為という一つのトークンは、表現される出来事と同じ次元で並ぶのではなく、背景に退いて透明に働くことによって、「現在」は、単に表現行為に依存する主観的なものではなくて、当の表現行為がなかったとしても、世界の側で成り立っているはずのものとなる。あるいは、この今という現実化している現実性は、主観的な体験や実感には還元できないものとして、主観的な体験以上の何か（あるいは主観的でも客観的でもない第三の何か）となる。さらにまた、「現在」は、時制的にも無時制的にも働き、過去‐現在‐未来の一項としても、その三項を包括するような（過去と未来を包み込むような）場としても働く。これら複数の意味の「現在」の反復と連鎖によって、主観的／客観的という分割・区別は、繰り返され固められていく。

10　このあたりの「実在」の問題については、拙著『相対主義の極北』の第9章も参照。

11　これまでの考察を経て、リアルなものが二つ残っているように思われる。一つは、「とりあえず性」という原-抑圧としての時間であり、もう一つは、それによって抑圧されるしかない「無関係としての時間」である。そのどちらも、第一章で見た「実在」の二つの系譜—永遠・不動と変化・流動—からは、はずれている。

文献案内

マクタガートの時間論にかかわる文献は、そのほとんどが英語で書かれていて、その量は膨大である。ここでは紙幅の制限もあるので、英語の文献は五点あげるだけにとどめ、日本語で読める文献をいくつか紹介しておきたい。

I　本書が利用したマクタガート自身の著作

(1) "The Unreality of Time", *Mind*, vol. 17, 1908, no. 68, pp. 457-474.

(2) *The Nature of Existence*, Cambridge University Press, vol. 1, 1921 / vol. 2, 1927.
時間の非実在性の証明については、vol. 2, Book V, Chapter XXXIII Time を参照。なお、その章内の節（303-351）のうち、303-333は、*The Philosophy of Time*, edited by Robin Le Poidevin and Murray MacBeath, Oxford University Press, 1993, pp. 23-34に再録されている。

(3) "The Relation of Time and Eternity", Address before the Philosophical Union of the University of California, 23rd August 1907. (*Philosophical Studies*, edited with an introduction by S.V. Keeling, with a new introduction by Gerald Rochelle, Thoemmes Press, 1966, pp. 132-155.)

II　マクタガートの時間論に関連する文献（英語）

(1) C. D. Broad, *Examination of McTaggart's Philosophy*, vol. 1, vol. 2, Cambridge at the University Press, 1938 / Thoemmes Press, 2000.
マクタガートの哲学全体を扱った大著。時間論については、vol. 2, Chapter XXXV, Ostensible Temporarity を参照。

(2) L. Nathan Oaklander and Quentin Smith (ed.), *The New Theory of Time*, Yale University Press, 1994.
新たな無時制的な時間論をめぐるアンソロジー。パートIIでは、マクタガートのパラドックスと時制的な時間論がテーマとなっている。

(3) D. H. Mellor, *Real Time II*, Routledge, 1998.
新たな無時制的な時間論の立場から、過去・現在・未来の区別、変化や因果などの諸問題を論じている。第七章は「マクタガートの証明」を主題的に扱っている。

(4) G. N. Schlesinger, *Aspects of Time*, Hackett, 1980.
時制的な時間論の古典的な著作である。第三章は「マクタガートとその時間の非実在性についてのコメンテイターたち」。

(5) Quentin Smith, *Language and Time*, Oxford University Press, 1993.
新たな無時制的な時間論を批判し、時制的な時間論を擁護する。パートIIでは、「絶対的な現在性」

を擁護する現在主義が展開される。

III　マクタガートの時間論に関連する文献（日本語で読めるもの）

（1）青山拓央『タイムトラベルの哲学』講談社、二〇〇二年。
　マクタガートを主題的に扱ったものではないが、「私の時間」と「前後の時間」や、「動く今」の問題など、マクタガートの時間論と関係が深い。

（2）伊佐敷隆弘「マクタガートの時間の非実在証明について」東京大学哲学研究室編『論集』第九号、一九九〇年、一一三〜一二五頁。
　マクタガートの証明を、たかだか「無矛盾の証明の不可能性」を示したものと診断し、さらに時間を系列（直線表象）として捉えることの不適切さも読み取る。

（3）入不二基義『相対主義の極北』春秋社、二〇〇一年。その中の第3章6節「マクタガートの証明における『無限後退』」と7節「証明される『別のこと』」六〇〜七一頁。
　マクタガートの無限後退の議論を矛盾から切り離し、「現在」のレベル差の反復として捉え直す。また矛盾は、その反復のストップから生じるものであると解釈する。

（4）植村恒一郎『時間の本性』勁草書房、二〇〇二年。その中の第六章「マクタガートのパラドックス―『地』なき『図』の迷宮」一八三〜二〇四頁。
　マクタガートの過去・現在・未来の規定が、時間様相の豊かさを失った、不適切に抽象化されたものであることに、パラドックスの原因を見いだす。

(5) 大澤真幸『行為の代数学』青土社、一九九八年。その中の6「時間の生成」一三九〜一六六頁(特に「【2】時間という矛盾」の項)。

マクタガートによる矛盾の証明を、時間の非実在性を示すものとしてより、むしろ(矛盾を提示しながら隠蔽する)時間を構成するものとして、肯定的に読む。

(6) 大森荘蔵『時は流れず』青土社、一九九六年。その中の「時は流れず―時間と運動の無縁」。

「時の流れ」の錯誤の原因について述べた箇所に、「有名なマクタガートの時間否定の論拠もまたこの私の観察と同根である」(九三頁)という記述がある。

(7) 加地大介「マクタガートの擁護のしかた―ダメットへの一批判」東京大学哲学研究室編『論集』第六号、一九八七年、一六三〜一七五頁。

ダメット(⑭参照)やメラーによる証明の再構成を批判的に検討して、(ダメットが批判するものとは異なる)実在論の可能性を、時制を伴う真理概念によって探る。

(8) 滝浦静雄『時間―その哲学的考察』岩波新書、一九七六年。その中の第四章「時間の言葉(1)」と第五章「時間の言葉(2)」八三〜一四〇頁。

現象学的な問題意識を背景に、主にP・ビーリ『時間と時間経験』(Suhrkamp, 1972)に依拠して、マクタガートの証明を批判的に紹介する。

(9) 田島正樹『スピノザという暗号』青弓社、二〇〇一年。その中の第二章「実在性」五三〜一一一頁、特に「マクタガートの議論」の項。

非実在的な未来と過去・現在とのあいだの非対称性と、現在は関心に応じて様々な幅を持ちうることの二つから、マクタガートのパラドックスは解消すると考える。

(10) 中島義道『「時間」を哲学する』講談社現代新書、一九九六年。その中の第四章「過去はどこへ行ったのか」、特に「マクタガートの時間非実在論」の項以降、一二三～一三二頁。

A系列の矛盾から、マクタガートのように時間の非実在性を導くのではなく、時間の実在性は保持して、(時間を通じての) 一つの出来事の実在性を否定する。

(11) 中村秀吉『時間のパラドックス—哲学と科学の間』中公新書、一九八〇年。その中の第三章「マクタガートの時間論」と第四章「マクタガート理論の評価」三二～六八頁。

マクタガートの議論を比較的詳細に解説した後に、実在の二つの意味の区別と、表現主体の強い関与とによって、時間の流れを実在2の移行として考える。

(12) 中山康雄「時間は流れるのか」野家啓一編『岩波・新哲学講義 (コスモロジーの闘争) 5』岩波書店、一九九七年、八五～一一〇頁。特に、その中の「印象構造により相対化されたA記述とマクタガートの時間論」という項、九八～一〇〇頁。

A記述を印象構造 (の拡張) に対して相対化することによって、マクタガートが言う矛盾は解消され、「動的A系列」の記述も可能になると考える。

(13) 野矢茂樹『同一性・変化・時間』哲学書房、二〇〇二年。特に、第II部の2・3・7、一二一～一七一頁、二五六～二八〇頁。

同一の出来事について、現在形で語るのと、後に過去形で語るのとでは、意味論的に同一の言語ではないと考えて (流転的言語観)、マクタガートの矛盾を解消する。

(14) M・ダメット（藤田晋吾訳）『真理という謎』勁草書房、一九八六年。その中の「マクタガートの時間の非実在性証明を擁護して」（一九六〇）三七〇〜三八一頁。

マクタガートの証明は、実在論的な前提（時間を外から一望できる視点から、世界を完全に記述できなくてはならない）を放棄すべきことを示すと解釈する。

(15) イアン・ヒンクフス（村上陽一郎・熊倉功二訳）『時間と空間の哲学』紀伊國屋書店、一九七九年／二〇〇二年。その中の第五章「存在と現在」、特に五-三節「事象、時制、存在」一七一〜一八三頁。

マクタガートのA系列の理論を発展させて、無時制的な意味において存在する「現在」についての理論を導入し、矛盾に陥らないような解釈を目指す。

(16) ポール・ホーウィッチ（丹治信春訳）『時間に向きはあるか』丸善、一九九二年。その中の第二章「時間の向き」二六〜五九頁。

マクタガートは、「動くいま」という考え方が矛盾を含むことの証明には成功したが、時間が非実在的であることの証明には成功してないと診断する。

あとがき

初めてマクタガートの名前と、論文「時間の非実在性」のことを知ったのは、大学に入った年の夏休みに、滝浦静雄氏の『時間』(岩波新書)を読んだときだった。マクタガートの論文を読んだのは、それからさらにしばらくたってからだったと思う。当時は、その議論の内容が分かったようでもあり、肝心なことを理解できていないようでもあり、のどの奥に魚の小骨が刺さったような感触とともに、マクタガートの議論は記憶された。

哲学科の学生そして院生になってからも、マクタガートの議論や、それをめぐっての他の論者の考察にふれる機会は何度もあったが、私の理解の程度は、大きくは変わらなかった。何か重要なことを論じているようでもあり、単なる屁理屈を言っているようでもあり、しかも、その議論に対するこちら側の態度を完全には決定できない歯がゆさのようなものが、いつも残っていた。

その後も、時間について考えるたびに、マクタガートの証明が思い出された。考え続けているうちに、細部の論点については、はっきりと見えてきたことが、いくつかはあった。しかしそれでも、マクタガートの議論全体を別の角度から見ることができるような、そんな視座を獲得できるまでには至らなかった。

三年ほど前、山口大学・時間学研究所の立ち上げにつながるシンポジウムで、「非時間的な時間—第三の〈今〉」というタイトルで、A系列にもB系列にも回収できないような「今」について話をした。また、二年ほど前、『相対主義の極北』(春秋社)を執筆したときに、「はっきりと見えてきた」と思ったことの中から、相対主義の問題と関連する論点についてだけは、書くことができた。さらに、一年ほど前に書いた「相対主義と時間差と無関係」(日本哲学会編『哲学』五十三号、法政大学出版局、所収)では、『相対主義の極北』のさらにその先で、相対主義と時間の問題を考察した。こうした過程で、「時間差」や「関係と無関係」などの論点がクローズアップされてきて、私は少しずつ、マクタガート問題から脱出しつつあった。しかし、マクタガートの議論全体への「決着」は、私自身の中でまだつきかねていた。

ようやく、本書『時間は実在するか』を書くことによって、その「決着」をつけることができたように思う。もちろん、私自身の問題意識との相関でという限定つきではあるけれども、マクタガートの議論を十分に読み解き、内在的に批判し、さらにそれを超える視座をなんとか獲得できたように思う。少なくとも、そのような視座の素描を提示することには成功したのではないかと、今は感じている。それが私の単なる妄想であるか否かは、読者の判断を待つしかないだろう。私としては、今後はその素描の細部へと分け入って、もっと描き込む作業を行ってみたい。

＊

現代新書出版部長の上田哲之さんが、何か書いてみませんかという形で執筆の機会を与えてくれた。それが、今回の試みの出発点だった。上田さんの命を伝える特使（?）として、真文館・石井真理さんが山口大学まで会いに来てくれたのが、二〇〇〇年の十二月である。それ以来、石井さんはほんとうによき伴走者だった。途中でちょっと挫折しそうになったとき、励ましてくれたのも石井さんだったし、石井さんのアドバイスにしたがって、書き直すことでよくなった部分も、いくつかある。山口にも何度か来ていただいて、時間学研究所のセミナーや蛍の会などにも参加してもらったことが、いい思い出である。

時間について議論する場を提供し支援してくれたのは、山口大学・時間学研究所である。時間学研究所の活動は、最近の元気だけはいいが形式化し無内容になっていく「改革」とは、一線を画していると思う。生物学や文学や社会学や思想史など様々な専門分野の研究者が、本書のような形而上学的な議論にも興味を持ってくれて、いっしょに議論できる場など、現在の大学状況では、残念ながら稀少である。

ここ三年ほど、講義や演習で、マクタガートの時間論を扱ってきた。時間論という文脈の中でマクタガートに言及したり、マクタガートの論文を一文一文精読したり、私が翻訳したものを配布して検討したり、色々な形で扱った。その中で学生たちから出された質問は、特に本書の第二章と第三章での、マクタガートの証明の解説に生かされている（はずである）。私が教えているのは、哲学を専門とする学生（いわゆる哲学科の学生）たちではないが、彼らの質問について答えることは、とても有益だった。哲学に興味を持って、しかも楽しんでくれる学生は、けっして少数ではない。

このような人たちに支えられて、執筆を開始してから二年弱で、本書を完成することができた。上田さん、石井さん、時間学研究所のメンバー、そして私の授業を聴講してくれた学生たちに、この場を借りてお礼を述べたい。

最後になってしまったが、もしJ・M・E・マクタガート氏がまだ生きていたならば、彼にこそ、本書を英訳してでも読んでもらいたかった。彼の議論がなかったら、本書は存在することがなかったのだから。マクタガート氏にこそ、もっとも感謝すべきだと思う。

二〇〇二年十月一日

入不二基義

講談社現代新書 1638

時《じ》間《かん》は実《じつ》在《ざい》するか

二〇〇二年一二月二〇日第一刷発行 二〇二二年七月一九日第一一刷発行

著　者　入《いり》不《ふ》二《じ》基《もと》義《よし》　

発行者　鈴木章一

発行所　株式会社講談社

東京都文京区音羽二丁目一二―二一　郵便番号一一二―八〇〇一

電　話　〇三―五三九五―三五二一　編集（現代新書）

〇三―五三九五―四四一五　販売

〇三―五三九五―三六一五　業務

カバー・表紙デザイン　中島英樹

印刷所　株式会社ＫＰＳプロダクツ

製本所　株式会社国宝社

定価はカバーに表示してあります　Printed in Japan

N.D.C.110 316p 18cm

ISBN4-06-149638-7

「講談社現代新書」の刊行にあたって

教養は万人が身をもって養い創造すべきものであって、一部の専門家の占有物として、ただ一方的に人々の手もとに配布され伝達されうるものではありません。

しかし、不幸にしてわが国の現状では、教養の重要な養いとなるべき書物は、ほとんど講壇からの天下りや単なる解説に終始し、知識技術を真剣に希求する青少年・学生・一般民衆の根本的な疑問や興味は、けっして十分に答えられ、解きほぐされ、手引きされることがありません。万人の内奥から発した真正の教養への芽ばえが、こうして放置され、むなしく滅びさる運命にゆだねられているのです。

このことは、中・高校だけで教育をおわる人々の成長をはばんでいるだけでなく、大学に進んだり、インテリと目されたりする人々の精神力の健康さえもむしばみ、わが国の文化の実質をまことに脆弱なものにしています。単なる博識以上の根強い思索力・判断力、および確かな技術にささえられた教養を必要とする日本の将来にとって、これは真剣に憂慮されなければならない事態であるといわなければなりません。

わたしたちの「講談社現代新書」は、この事態の克服を意図して計画されたものです。これによってわたしたちは、講壇からの天下りでもなく、単なる解説書でもない、もっぱら万人の魂に生ずる初発的かつ根本的な問題をとらえ、掘り起こし、手引きし、しかも最新の知識への展望を万人に確立させる書物を、新しく世の中に送り出したいと念願しています。

わたしたちは、創業以来民衆を対象とする啓蒙の仕事に専心してきた講談社にとって、これこそもっともふさわしい課題であり、伝統ある出版社としての義務でもあると考えているのです。

一九六四年四月　野間省一

哲学・思想Ⅰ

66 哲学のすすめ——岩崎武雄
159 弁証法はどういう科学か 三浦つとむ
501 ニーチェとの対話——西尾幹二
871 言葉と無意識——丸山圭三郎
898 はじめての構造主義 橋爪大三郎
916 哲学入門一歩前——廣松渉
921 現代思想を読む事典 今村仁司 編
977 哲学の歴史——新田義弘
989 ミシェル・フーコー 内田隆三
1001 今こそマルクスを読み返す 廣松渉
1286 哲学の謎——野矢茂樹
1293 「時間」を哲学する——中島義道
1315 じぶん・この不思議な存在——鷲田清一
1357 新しいヘーゲル——長谷川宏
1383 カントの人間学——中島義道
1401 これがニーチェだ——永井均
1420 無限論の教室——野矢茂樹
1466 ゲーデルの哲学——高橋昌一郎
1575 動物化するポストモダン 東浩紀
1582 ロボットの心——柴田正良
1600 ハイデガー=存在神秘の哲学——古東哲明
1635 これが現象学だ——谷徹
1638 時間は実在するか 入不二基義
1675 ウィトゲンシュタインはこう考えた 鬼界彰夫
1783 スピノザの世界——上野修
1839 読む哲学事典——田島正樹
1948 理性の限界——高橋昌一郎
1957 リアルのゆくえ——大塚英志 東浩紀
1996 今こそアーレントを読み直す——仲正昌樹
2004 はじめての言語ゲーム——橋爪大三郎
2048 知性の限界——高橋昌一郎
2050 超解読! はじめてのヘーゲル『精神現象学』 竹田青嗣 西研
2084 はじめての政治哲学 小川仁志
2099 超解読! はじめてのカント『純粋理性批判』 竹田青嗣
2153 感性の限界——高橋昌一郎
2169 超解読! はじめてのフッサール『現象学の理念』——竹田青嗣
2185 死別の悲しみに向き合う——坂口幸弘
2279 マックス・ウェーバーを読む——仲正昌樹

日本語・日本文化